Knaus
K

Weg ins Zu…

Abt. Maos Blumen

…nne, Rote Woche in M.

„Kaiserkronen" sollen verschwinden, „Königskerzen" werden ausgelöscht. Es herrscht „Klatschmohn." „Puffbohnen" werden wegen guten Gedeihens reichlich angeboten. „Küchenkräuter" bleiben unbeachtet. Beheimatet nur am Rande deutlich vermerkt Blümchen „Männertreu" weiss nicht, was noch werden soll, wünsch… „Schierling" und „Giftpflanzen" auszurotten, mit Hilfe der „Silbertanne", in deren Schutz ein kleines Blümelein d. h. „Vergiss nicht mein" gedeihen möchte. Wer wagt die „Zusammenstellung dieses Beetes, dem dann Frau Sonne nicht nur Lebensfreude schenkt, sonder… auch alles an den Tag bringt? Dann gehen alle „Gewitterblumen" ein. Kettenhunde überflüssig."
Mao lässt Blumen blühen. Wer lässt sie sprechen…
Chinesischer Tee.

Nov. 1961 Chb. 2/100

Berlin. 8.5. 56 — 9. 5. 56. NW 87/22

Meine lieben Freunde in England

Zwei Jahre habe ich mir jeden entbehrlichen Groschen gespart um nach Berlin fahren zu kommen, und Euch einmahl das zu schreiben was wahr ist, und was 70 % der Bevölkerung in der D. D. R denkt. Sagt es in Eurer Sendung, das wir die 70 % wissen wer an unserem Skavenleben schuld ist. Es sind: „Die Partei, Gewerkschafts, Regierungsbonzen, die sogenannten Intelligenzler und

B. C.

London

…schrift Sehr geehrter Herr Harrison

…t die Ostregierung wie … zu übertreffen.
…ch, wenn die Westberli…
…wir sie nicht …
…meistens Verwandte …
…nen sind grösser …
…den Vertrag. Sie ha…
…verschwindelt, …
…n, wo sie nicht …
…n nimmt die Wes…
Es wird nicht …
…m Osten gehört. …
…en. Ostberliner, die …
…den Vertrag hatt…
…backten Kaffern. …
… uns versproch…
…geehrter Herr Harrison…

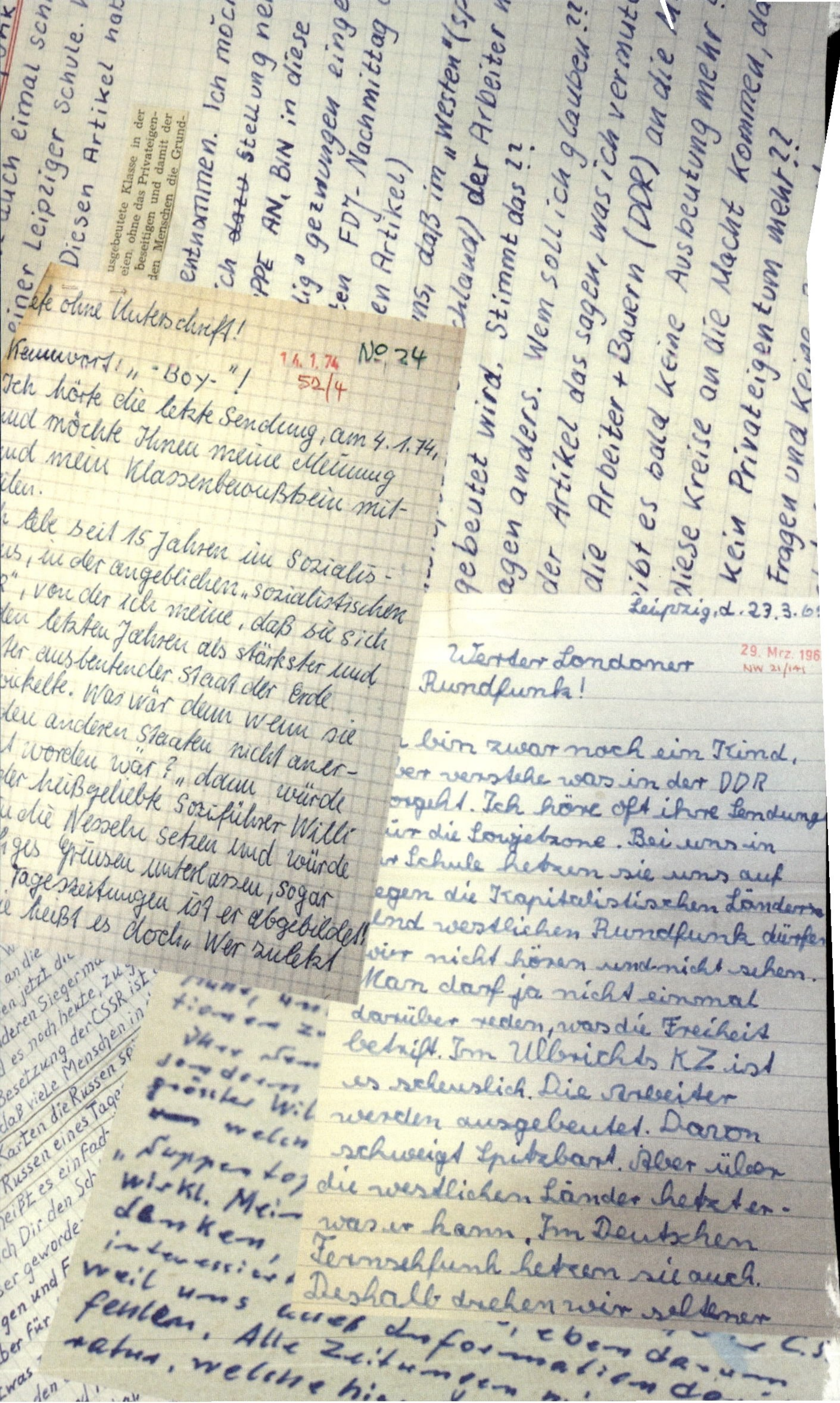

...efe ohne Unterschrift!

Kennwort: „-Boy-"!

14.1.74
52/4
No. 24

Ich höre die letzte Sendung, am 4.1.74, und möchte Ihnen meine Meinung und mein Klassenbewußtsein mitteilen.

...h lebe seit 15 Jahren im Sozialis-...us, in der angeblichen „sozialistischen ...", von der ich meine, daß sie sich ...den letzten Jahren als stärkster und ...ter ausbeutender Staat der Erde ...wickelte. Was wär denn wenn sie ...den anderen Staaten nicht aner-...t worden wär? „ dann würde ...er heißgeliebte Sozifuhrer Willi ...u die Nesseln setzen und würde ...iges Grüssen unterlassen, sogar ...Tageszeitungen ist er abgebildet! ...ie heißt es doch „ Wer zuletzt

Leipzig, d. 27.3.6...

29. Mrz. 196...
NW 21/141

Werter Londoner Rundfunk!

...h bin zwar noch ein Kind, ...ber verstehe was in der DDR ...orgeht. Ich höre oft ihre Sendung ...ür die Sowjetzone. Bei uns in ...r Schule hetzen sie uns auf ...egen die kapitalistischen Länder. ...nd westlichen Rundfunk dürfen wir nicht hören und nicht sehen. Man darf ja nicht einmal darüber reden, was die Freiheit betrifft. Im Ulbrichts KZ ist es scheuslich. Die Arbeiter werden ausgebeutet. Davon schweigt Spitzbart. Aber über die westlichen Länder hetzt er. was er kann. Im Deutschen Fernsehfunk hetzen sie auch. Deshalb drehen wir seltener

Susanne Schädlich

Briefe ohne Unterschrift

Wie eine BBC-Sendung die DDR herausforderte

KNAUS

Die »Briefe ohne Unterschrift« sind der neuen Rechtschreibung angepasst, orthographische Fehler zum größten Teil korrigiert, ansonsten Eigenheiten beibehalten worden. Auslassungen sind mit eckigen Klammern und Punkten gekennzeichnet. Die Briefe werden im Text kursiv, Zitate aus Stasiakten in Schreibmaschinenschrift dargestellt. Aufzeichnungen der BBC zu »Funkbriefkasten« und aus dem »duty report«, handschriftliche Notizen von Austin Harrison sowie die Trauerrede von Richard O'Rorke wurden von der Autorin ins Deutsche übertragen.

FSC
www.fsc.org
MIX
Papier aus verantwortungsvollen Quellen
FSC® C014889

Verlagsgruppe Random House FSC® N001967

1. Auflage

Umschlaggestaltung: FAVORITBUERO, München
Umschlagillustration: © Christie Goodwin
Satz: Buch-Werkstatt GmbH, Bad Aibling
Druck und Einband: Friedrich Pustet, Regensburg
Printed in Germany
ISBN 978-3-8135-0749-2

www.knaus-verlag.de

»Die Vergangenheit ist die Gegenwart, nicht wahr? Wir versuchen uns da herauszulügen, aber das Leben lässt uns nicht.«

Eugene O'Neill

Prolog

Nehmen Sie den Zug, der gegen 17 Uhr in London Paddington ankommt. Gehen Sie zur U-Bahn. Fahren Sie mit der Bakerloo Line in Richtung Norden. Die zweite Station heißt Maida Vale.

Steigen Sie aus. Von dort sind es nur noch ein paar Minuten zu Fuß, hatte Mister Jones geschrieben.

Die Fahrt mit dem Zug dauerte eine gute halbe Stunde.

Ankunft um 15:59 Uhr auf Plattform 1, teilte die Stimme mit.

Von Plattform 1 war Mrs. McGillicuddy vor achtundfünfzig Jahren genau einundfünfzig Minuten später abgefahren und beobachtete von ihrem Abteilfenster aus einen Mord in einem vorbeifahrenden Zug. Einzig und allein ihre Freundin Jane Marple glaubte ihr und löste einen ihrer berühmtesten Fälle.

Auch ich wurde das Gefühl nicht los, dass ich einen Fall zu lösen oder ein Geheimnis zu lüften hatte und fragte mich, Wer kennt eigentlich Mrs. McGillicuddy?

Ich hatte einen Zug gewählt, der schon eine Stunde früher aus Reading in London ankam. Wollte noch ein bisschen schlendern, einen Kaffee trinken, vielleicht eine Zigarette rauchen.

Bahnsteig 1 war voller Menschen, die dem Ausgang zustrebten. Paddington ist ein Kopfbahnhof.

Am Ende des Bahnsteigs stand eine Frau. Sie verschenkte

Wassereis, eine kleine Aufmerksamkeit. Ein U-Bahnstreik hatte die Stadt lahmgelegt.
Ich verließ den Bahnhof, lief ein Stück die Praed Street entlang. Geschäfte, Tante-Emma-Läden, Restaurants, Cafés, kleine Hotels, alte Straßenlaternen, kleine Parks, die Bäume erfrischend grün, helle Häuserfassaden oder roter Backstein und weiße Fensterläden. Malerisch schön, fast schon unheimlich.
Egal wo ich war in dieser Stadt, immer hatte ich das Gefühl, dass ich das, was ich sah, schon in irgendeinem Roman gelesen hatte, und musste an den Dichter Rolf Dieter Brinkmann denken, der in London überfahren worden war, weil er den Linksverkehr nicht beachtet hatte.
Ich fand ein Café, wo ich, wie ich meinte, am schönsten draußen sitzen, einen Cappuccino trinken und eine Zigarette rauchen konnte, bevor ich mich auf den Weg zu Mister Jones machte.
Ich rauchte, genoss den Wind in sommerlicher Wärme, ein Hauch von Meer.
Einen Hauch von Meer hatte ich schon in Reading gespürt, wo ich, wenn ich nicht in dem stickigen Raum im Written Archive der BBC an einem der sechs großen Tische über unendlich vielen Briefen die Zeit vergaß, durch stille baumbewachsene Straßen lief, Menschen begegnete ich kaum. Gäbe es nicht jedes Jahr ein berühmtes Musik-Festival, ich würde sagen, der Ort hat verschlafen.

Die Uhr sagte, ich musste los. Ich zahlte, winkte ein Black Cab heran, fuhr wieder einmal zurückgelehnt legendär. Der

Fahrer kannte sich aus, ich hatte noch keinen getroffen, bei dem es nicht so war.
Mein Cabbie umfuhr die Staus in den nördlichen Teil der City of Westminster nach Maida Vale, einer wohlhabenden Wohngegend, fuhr noch berufsmäßig gewandt an der Sephardi Synagogue vorbei und sagte: »In dieser Straße wurde Alec Guinness geboren und Ben Gurion hat ganz in der Nähe gewohnt.«
Das Taxi bog in eine ruhige Straße, hielt.
»Ach ja«, sagte der Fahrer noch, »Abbey Road ist auch ganz in der Nähe, just so you know.«

Mister Jones führte mich durchs Haus in den Garten. Wir tranken Prosecco, stellten einander Fragen, antworteten mit Bedacht. Waren vorsichtig misstrauisch.
Vielleicht lag es daran, dass wir beide schreiben. Schriftsteller misstrauen Journalisten und Journalisten Schriftstellern.
Vielleicht lag es daran, dass ich ihn über die Vergangenheit fragte: nach der BBC, nach Peter Johnson, nach den Briefen ohne Unterschrift. Vor allem aber nach Austin Harrison.
Nach zwei Stunden wusste ich nicht viel mehr als vorher. Das, was ich wusste, wusste ich, weil ich darüber vor einigen Monaten in Berlin gelesen hatte.
Beim Abschied sagte Mister Jones: »Auch zu meiner Zeit hieß es noch, BBC – das sind drei gefährliche Buchstaben. Gefährlich für alle, die sich vor der Wahrheit fürchten, und besonders gefährlich für alle, die die Wahrheit hören wollen und sie unter großer persönlicher Gefahr auch tatsächlich hören.«

Eins

Austin Harrison ist ein eleganter Mann. Er trägt dunkle Anzüge, weiße Hemden, Krawatte oder Fliege, dunkle Wildlederschuhe. Seinen Mantel hat er auf den Rücksitz gelegt. Austin Harrison ist auf dem Weg zur Frühjahrsmesse. Es ist zur Gewohnheit geworden, fast schon zur Regel.
Harrison fährt mit dem Auto von Westberlin über die Autobahn in Richtung Halle. Am Autobahnkreuz Schkeuditz nimmt er den Abzweig in Richtung Leipzig. Es ist der 9. März 1967. Topmeldung des Tages: Stalins Tochter, Swetlana Allilujewa, setzt sich in den Westen ab.
Die Fahrt in den anderen Teil Deutschlands ist für Harrison eine Fahrt in ein Land, das die Zeit vergessen hat. Harrison gefällt die Doppeldeutigkeit der deutschen Sprache. Das Land, das die Zeit vergessen hat … Ein glückliches Land, dem die Zeit egal ist, oder ein Land, das von der Zeit vergessen wurde. Land, that time forgot. Im Englischen ist es viel eindeutiger.
Der Besuch von Leipzig ist für Harrison wie der Besuch bei einer einst wohlhabenden älteren Dame.
Zweimal im Jahr lädt sie ein in ihren geschmückten Salon, wo Getränke und Essen serviert werden wie sonst nie, legt ihr schönstes Kleid an und erwartet wie in Gedanken an vergangene Zeiten, und in der Hoffnung auf bessere, ihre Gäste.
In Sonderzügen reisen sie an, zu sehen, was die Republik und andere Länder in der Innenstadt und auf dem Gelände

der Technischen Messe am Völkerschlachtdenkmal zu bieten haben.
Huren sind in der Stadt. Sie hoffen auf gute Umsätze oder auf einen Mann aus dem Westen. Brandneue Taxis Marke Wartburg warten an den Straßenrändern.
Die ältere Dame empfängt für neun Tage die Welt, Leipzig ist für neun Tage das »Guckloch« für jene, die sonst wenig von der Welt zu sehen bekommen.

In Leipzig will Harrison Informationen sammeln. Darum sucht er überall das Gespräch. Während der Messezeit ist es einfacher als sonst, Kontakt zu Menschen aufzunehmen, sich zu unterhalten. Zur Messezeit ist es weniger gefährlich, wirkt weniger verdächtig. Möglicherweise ist es schwieriger, verfolgt und beobachtet zu werden. Harrison ist trotzdem vorsichtig. Nicht seinetwegen, mehr der Menschen wegen, mit denen er spricht.
Er ahnt, dass er verfolgt und beobachtet wird. Vielleicht weiß er es auch.
Er reiste am 9. 3. 67 gegen 9:30 Uhr von Westberlin kommend über den GÜ Drewitz mit dem PKW Volkswagen poliz. Kennz. B-AK 754 in die DDR ein.
Hauptmann Kluge von der HA* XX wird erst Stunden später informiert, telefoniert dann sofort mit Leipzig.
Ab 13 Uhr wurde der PKW von ‚Werfer‘ im Stadtgebiet Leipzig gesucht.

* Abkürzungen werden im Glossar (S. 281) erläutert.

Harrison fährt nicht erst zu den Bekannten, es ist schon fast 14 Uhr, sondern direkt in die Innenstadt. Er muss sich akkreditieren lassen und im Ausländertreffpunkt Geld wechseln.

Er schlendert durch die Stadt. Straßen und Geschäfte sind geschmückt mit Fähnchen und Fahnen, sozialistisch-internationale Dekoration. Er sieht sich die Auslagen in Schaufenstern an. Harrison hört verschiedene Sprachen. Schlösse er die Augen, könnte er meinen, er sei anderswo, wo er sich auskennt.
Wie immer, wenn er hier ist, geht er im Schuhmachergässchen in das Zentrale Antiquariat des Volksbuchhandels. Wie immer, wenn er hier ist, geht er in die Mädlergasse. Auch die Mädlergasse hängt voller Fahnen, Werbefahnen für die Aussteller der Keramik- und Glasbranche. Zu jeder vollen Stunde erklingt das Glockenspiel. In der Mädlergasse ist Auerbachs Keller.
Bei den vielen Menschen muss Harrison denken,
»Die kommen eben von der Reise,
Man sieht's an ihrer wunderlichen Weise;
Sie sind nicht eine Stunde hier.«
Im Parkhotel bestellt sich Harrison eine Kleinigkeit und ein Glas Wein, liest die »Times«, unterhält sich mit drei Männern, die mit ihm am Tisch sitzen, über Perlon und Polyakryl, englische Zigarettenmarken und solche aus der DDR, über Ulbricht und Stoph, über tropische Früchte und die SED. Harrison spricht Deutsch.
Nach dem Essen ins Kunstkabinett und weiter zum Neumarkt

in das Warenhaus Centrum. Auf blauen Schildchen mit gelber Schrift fordert pastellfarbene Damenunterwäsche aus Synthetik dazu auf, für den VII. Parteitag zu kämpfen.

Harrison macht sich Notizen. Auch im Haus der vielen Artikel.

Gegen 19 Uhr geht er in den Ratskeller.

`Bei weiteren Kontrollen im Stadtgebiet wurde der PKW mit dem angegebenen polizeilichen Kennzeichen B – AK 754 um 19.00 Uhr auf dem Parkplatz 9 an der Universitätsstraße – Goethestraße aufgenommen.`

Harrison sucht sich einen freien Platz im zweiten Saal an einem Tisch, an dem schon ein Mann und eine Frau sitzen.

Der Mann und die Frau sind Mann und Frau.

Harrison sagt, er sei aus England.

Der Mann sagt, er sei das erste Mal zur Messe gefahren. Eigentlich habe er sich auf den Ausflug gefreut. Doch bei allem Respekt, wie die Westler sich hier benähmen! Zögen abends grölend durch die Straßen, für Parkplätze zahlten sie Bakschisch, führten sich auf, als wären sie was Besseres, diese Kapitalisten.

Die Frau sagt, sie verstehe nichts von Politik, egal mit welchem Ismus sie daherkomme.

Er wolle der Partei ihre guten Absichten nicht absprechen, sagt der Mann.

Harrison fällt ein: »Den Teufel spürt das Völkchen nie,
Und wenn er sie beim Kragen hätte«.

Er fragt den Mann, ob er die Absicht habe, irgendwann

damit anzufangen, der Partei die guten Absichten abzusprechen?

23.35 Uhr kam ‚Werfer' aus der Innenstadt zum PKW. Er sprach am PKW noch ca. 3 Minuten mit einer Parkwächterin. Anschließend fuhr er vom Parkplatz.

Auf der Ernst-Thälmann-Straße lässt Harrison einige Wagen überholen, fährt weiter auf der Torgauer Straße bis Heiterblick.

In der Kurve vor der Brücke hält er. Lässt einen Wagen an sich vorbei, setzt seinen Weg fort in Richtung Thekla bis Portiz. Dort wohnen die Bekannten.

Es ist fast Mitternacht. Er schließt den Wagen ab, geht zur Haustür. Klingelt. Die Tür geht auf, die Begrüßung ist überschwänglich.

Der Ort Portiz wurde nach Betreten der Wohnung von ‚Werfer' abgesperrt. Der PKW stand vor dem Wohnhaus ohne Licht abgeparkt auf der rechten Straßenseite.

Der nächste Arbeitstag beginnt für Harrison gegen Mittag, die Nacht war noch lang geworden.

Er fährt zuerst zum Pressezentrum.

Er erkundigte sich nach Briefmarken nach Westberlin. Anschließend beschrieb er 5 Ansichtskarten und frankierte sie. In den Briefkasten Martin-Luther-Ring/ Markgrafenstraße warf er sie ein. Sonderleerung durch Abt. M. Bei den Briefen

handelt es sich um interessante berufliche, politische und familiäre Mitteilungen. Zu bemerken ist, dass die Briefe in englischer Sprache geschrieben sind und nicht in allen Einzelheiten sicher übersetzt werden konnten.
Die Briefe werden erst am folgenden Tag mit der richtigen Stempelung weitergeleitet.

Am Nachmittag streift Harrison, etwa 175 groß, sein dunkles Haar nach hinten gekämmt, die Augenbrauen buschig, durch Straßen und Geschäfte wie am Vortag. Gang: läuft aufrecht, zeitweise linke Schulter etwas tiefer haltend. Bekleidung: dunkelgr. Anzug, Nadelstreifen, weißes Hemd, gemustert, roter Binder, grüne Wildlederschuhe, trägt beim Lesen und Schreiben dunkle Hornbrille.
Wie am Tag zuvor isst er eine Kleinigkeit im Ratskeller. Mit ihm am Tisch sitzen ein Monteur und dessen Frau.
Gegen neun Uhr abends sitzt er im Restaurant des Parkhotels.
Er machte sich sehr viele Notizen. Er schrieb dabei ziemlich klein. Beiwerk:
l. Hand kleiner Finger zwei große goldene Ringe, rechte Hand Ringfinger goldener Ring, schwarzer Stein.
Harrison arbeitet eineinhalb Stunden konzentriert. Anschließend begibt er sich zur Telefonzentrale.

Hier führte ‚Werfer' ein ca. 5 Minuten langes Telefongespräch (22.35 bis 22.40 Uhr).
Nach dem Telefonat verlässt er das Hotel und fährt nach Portiz.
23.28 Uhr wurde ‚Werfer' im Zimmer gesehen. Es hatte den Anschein als entkleidet er sich. 23.57 Uhr ging das Licht aus.

Am Sonnabend zieht es Harrison nicht zur Messe, sondern nach Markkleeberg. Er ist fasziniert von dem Gedanken, dass fast jedes noch so kleine Kaff in Deutschland eine brutale Geschichte hat. Auch Markkleeberg. Hier war die Entscheidungsschlacht gegen Napoleon, damals die größte Feldschlacht der Weltgeschichte. Hier betrieben die Nazis ein KZ-Frauenlager. In der Nacht des 13. April 1945 wurden die Frauen auf den Todesmarsch geschickt, bei eisigem Regen durch die verdunkelten Straßen von Leipzig.
1945 kamen zuerst die Amerikaner, die Sowjets übernahmen. »Pech gehabt«, hat der Freund, den Harrison besuchen wird, einmal gesagt.
Harrison biegt in eine Seitenstraße.
Fuhr diese entlang bis zu ihrem Ende, hielt hier an, musterte hier ein Beobachterfahrzeug und die Umgebung, kehrte um, fuhr zurück und weiter nach Markkleeberg-Ost. Hier fuhr ‚Werfer' zum Brunnenweg.
Harrison parkt.

`Um 11.30 betrat ‚Werfer‘ das Haus.`
Am Nachmittag fährt er zurück nach Leipzig.

Am Abend besucht er eine Vorstellung der Pfeffermühle, danach will er einen Absacker trinken. In der Gaststätte Sofia.
Zwei Männer treten an seinen Tisch, fragen, ob noch Platz sei. Die zwei Männer setzen sich.
Der eine sagt, er sei Werkmeister in einem Textilveredelungswerk in Löbau, der andere, er sei dort Werkleiter und zur Messe delegiert worden.
Harrison sagt, er sei zu Besuch aus England hier.
Der Werkleiter spricht Englisch und trinkt gern.
Die, die ihn delegiert haben, wissen, dass er gern trinkt.
Das sei kein Hinderungsgrund, finden sie, eher von Vorteil.
Harrison bestellt für alle Bier.
Weil Harrison gerne Deutsch spricht, unterhalten sie sich weiter auf Deutsch über Leipzig und die Messe.
Harrison sagt, er habe den Eindruck, es fehle hier an Freiheit.
Der Werkmeister sagt, das sei relativ. Er wolle lieber über England sprechen.
Der Wachtmeister fragt Harrison, ob er ein Haus habe.
Die drei Männer trinken.
Harrison sagt, dass er sogar ein wunderschönes Haus außerhalb von London habe, in Fingringhoe, einem Dorf südlich-östlich von Colchester. Fünf große Zimmer, zwei Bäder, eine Küche und eine große Wohndiele. Nach und nach baue er das Landhaus aus. Es habe auch einen

wunderbaren Rosengarten. Er fahre jeden Tag mit dem Zug in die Stadt.
Harrison soll mehr von London erzählen.
»Swinging London«, sagt Harrison. »Changing London. Down with the old, up with the new.«
»Was wollen Sie damit sagen«, fragt der Werkleiter.
Ein Kollege hätte ihn kürzlich gefragt, sagt Harrison, ob ein Blinddarm unabhängig werden, sozusagen seine eigene Politik in dem ihn beherbergenden Körper machen könne?
Der Werkmeister sagt: »Diejenigen, die schon einmal eine Blinddarmentzündung hatten, würden diese Frage vielleicht bejahen.«
Harrison sagt, der Kollege habe gemeint, man könnte fast annehmen, der Blinddarm habe sich selbständig gemacht, weil er doch so schrecklich wehtue.
»Uns tut nichts weh«, sagt der Werkleiter.
»In Wirklichkeit ist es doch so«, sagt Harrison, »dass der Wurmfortsatz nur auf irgendeinen Reiz reagiert, der ihm vom übrigen Körper verabreicht wird, und sollte er wirklich aufmucken, wird er eben entfernt.«
Der Werkmeister will viel lieber noch mehr über London hören. Von Pubs, Vergnügungslokalen und von englischen Frauen.
»London«, sagt der Werkmeister ein wenig zu sehnsüchtig.
Der Werkleiter hört das und blickt missbilligend.
Harrison sagt, ähnlich sei es mit dem politischen Blinddarm, der SED Westberlin, die gerade vor den Westberliner Wahlen auf Reize aus Ostberlin reagiere.

Der Werkleiter sagt: »Sie trauen sich was.« Er sagt nicht, dass er `für die Maßnahme BBC` eingesetzt worden ist. Harrison fragt, ob es möglich sei, nach Löbau zu fahren. »Schon möglich«, sagt der Werkleiter.
Beim Abschied gibt Harrison dem Werkleiter seine Visitenkarte und bittet ihn, ihm eine Postkarte zu schreiben. Seine Sekretärin sammle mit Leidenschaft Briefmarken. Sie würde sich freuen über eine Briefmarke aus der DDR.
Der Werkleiter sagt: »Warum nicht.«

Am Sonntagmorgen reist Harrison ab. Er nimmt die Autobahn in Richtung Halle bis zum Autobahnkreuz Schkeuditz. `Bei der Autobahnauffahrt in Richtung Berlin wurde um 10.00 Uhr die Beobachtung beendet.` Harrison denkt, er hätte dem Werkmeister und dem Werkleiter sagen können, was sein Kollege noch gesagt hatte: Der politische Blinddarm, die SED in Westberlin, gebe zwar vor, aus eigener Entscheidung zu agieren, aber wer könne das schon wirklich von einem Blinddarm annehmen.

Zwei

Harrison, Johnson, Jones. Ich könnte sagen, ich bin rein zufällig auf diese Namen gestoßen. Aber ich glaube nicht an Zufälle.

Vor einigen Monaten war die Bitte an mich herangetragen worden, einen Beitrag für eine Publikation zu schreiben. Über meine Recherchemethoden, die literarische Verarbeitung des gefundenen Materials in meinen Büchern.

Ich holte Akten hervor, die wesentlicher Bestandteil meiner Arbeit gewesen waren. Auch die von IM »Schäfer«, dem Onkel. Ja, der. Oder, der schon wieder. Ich kann nichts dafür, dass er der Onkel ist. Er ist nun einmal da, und er geht auch nicht mehr weg. Auch nicht das, was er getan hat. Darüber habe ich schon geschrieben.

Zyniker könnten sagen: Soll sie ihm doch dankbar sein, er dient als unerschöpfliche Quelle.

Dankbar bin ich. Aber nicht ihm, sondern dafür, dass die Akten existieren.

Unterbewusst hofft der Leser, in diesem Falle ich, doch noch etwas Entlastendes zu finden.

Jedenfalls, ich blätterte. Dann das:

Dr. Schädlich, erf. HA XX 12 Op. Vg. ‚Werfer‘.

Werfer! Das hatte ich bisher überlesen.

Immerhin, ein operativer Vorgang lässt hoffen.

Der Onkel recherchierte für seine Dissertation und hatte seit 1968 Kontakt zu Leuten von der BBC, auch zu einem Mann

namens Johnson. Der Kontakt war über einen Bekannten zustande gekommen.
Drei Jahre später kündigte sich bei dem Onkel ein weiterer BBC-Mann an. Sein Name: Jones.
Ein Brite, die BBC, ein Treffen.
Dann las ich, dass der Onkel den bevorstehenden Besuch seinem Parteisekretär meldete.
Bei seiner Mitteilung über das angemeldete Gespräch hatte Dr. Schädlich sich angeboten, alles auf Tonband aufzunehmen, wenn ihm ein Mikrofon übergeben würde.
Keine Entlastung. Mehr musste ich nicht wissen.

Es gibt diese seltenen Momente, in denen ich bei etwas, das ich lese oder höre, aufmerke. Wie bei einer Begegnung mit jemandem, mag sie noch so flüchtig sein.
Ich las: ‚Briefe ohne Unterschrift' ist eine spezielle Sendung, die im Rahmen der psychologischen Kriegsführung gegen die DDR der Untergrabung der Bevölkerung zur Partei- und Staatsführung der DDR sowie der Propagierung und Provozierung aktiver und passiver ‚Widerstandshandlungen' dient.
Das war er, dieser seltene Moment. Ein halber Satz: »›Briefe ohne Unterschrift‹ ist eine spezielle Sendung.«
Und ich las: Hauptanliegen der Bearbeitung ist die Aufklärung und Liquidierung der feindlichen Stützpunkte der BBC-Mitarbeiter Harrison und Jones in der DDR.

Wie ginge Miss Marple vor?
Vielleicht fiel mir Miss Marple ein, weil ich von Johnson, Harrison und Jones las, von der BBC, dem Londoner Rundfunk.
Vielleicht fiel mir Miss Marple ein, weil der Himmel grau war, die Bäume kahl. Weil es schneite. Weil der Blick aus dem Fenster schwarz-weiß war. Wie die Bilder im Fernsehen, in dem ich früher Miss-Marple-Filme gesehen hatte.
Gegenüber Miss Marple war ich ein wenig im Vorteil. Zu ihren Zeiten gab es noch kein Internet.
Ich gab »Briefe ohne Unterschrift« ein.
Nichts.
Ich gab »Austin Harrison« ein. Ein Schriftsteller und Journalist, geboren 1873, gestorben 1928. Das konnte nicht der richtige sein.
Ich gab »Austin Harrison« und »Briefe ohne Unterschrift« ein. Treffer!
Eine historische Aufnahme vom Deutschen Rundfunkarchiv.
Ich bestellte die CD.
Ich hörte: »Kennwort Rosenstock fragt, wo ist auf den englischen Kanalinseln eine deutschsprachige Gemeinde? Und gehen unsere Ostbriefe auch bestimmt durch Kurier von Westberlin nach England? Also nicht als gewöhnliche Post?«
»Von Westberlin zu mir gehen Ihre Briefe durch englische Hände. Ich weiß nicht, ob es eine richtige deutsche Gemeinde auf den Kanalinseln gibt, aber es gibt einen deutschen Wahlkonsul in Saint Clement auf der Insel

Jersey« – eine Minute und sechsundvierzig Sekunden die Stimme von Austin Harrison. Sympathisch. Deutsch spricht er mit englischem Akzent.
Ostbriefe nach Westberlin und weiter per Kurier nach England?
Was hatte es damit auf sich?
Was war das für eine Sendung, »Briefe ohne Unterschrift«?
Wie lange hat es sie gegeben?
Wann wurde sie gesendet?
Vielleicht fand ich noch eine längere Tonaufnahme. Der Ausschnitt auf der CD des Deutschen Rundfunkarchivs konnte doch nicht alles sein.
Ich fand heraus, dass die Sendung im Programm des German Service der BBC nach 1945 gelaufen war. Viel mehr aber auch nicht.
Der Mangel an Quellenmaterial machte die Suche nicht leicht. Ich tröstete mich damit, dass ich mit »Johnson, BBC und German Service« im Internet den Hinweis auf ein Buch fand: »Stimme der Wahrheit, German Language Broadcasting by the BBC.« Endlich etwas Konkretes.
Peter B. Johnson wird darüber geschrieben haben, dachte ich. Ich bestellte das Buch. Zwei Sätze über Harrison. Mehr nicht.
Je mehr ich mich auf die Suche nach Antworten begab, desto mehr Fragen stellten sich.
Je mehr ich suchte, desto mehr Antworten fand ich, vor allem in den Stasiakten.

`Grundlage der Sendung bilden Hörerbriefe, die sowohl aus der DDR als auch aus anderen`

sozialistischen Ländern, Westdeutschland und Westberlin die BBC erreichen oder auch mit hoher Wahrscheinlichkeit frei erfunden sind.
Und: Aus dem Jahre 1957 liegen die ersten Aufzeichnungen vor, die dokumentieren, dass H. die Hetzsendung ‚Briefe ohne Unterschrift' leitet und kommentiert.
Die Lauscher saßen also bereits ab 1957 an den Radioempfängern.
»Bei uns haben die meisten Menschen das Lachen verlernt, es gibt gar keine Fröhlichkeit mehr, auch nicht unter der Jugend.«
»Nun gibt es einen neuen Namen: Volksarmee: Die Jugend wird gezwungen, den neuen alten Rock anzuziehen.«
»Die Rundfunkstörungen in der BBC werden in der Bernburger Gegend immer toller.«
»Briefkontrollen, Bespitzelung, Milchschlangen, Butterschlangen, HO-Preise usw.«
»Schimpfen ist der Stuhlgang der Seele.«
»Es ist die Not, geistige und leibliche, die viele zwingt, gezwungen hat, ihre Heimat zu verlassen, und sie oft einem ungewissen Schicksal entgegenführt.«
»Warum holt man die UNO nicht nach Berlin? Warum wird in der UNO über die unmenschlichen Verhältnisse in der Ostzone nicht verhandelt? Wie lange will man noch warten? Bis es zu spät ist?«
»Wir können ja nicht alle weg.«
Der Staatsicherheitsdienst arbeitete fieberhaft.

Sie werden gebeten die nachstehend aufgeführte DA der BBC, die 1958 gelaufen ist, zu bestätigen. Berlin, NW 21, Emdenstraße. Des weiteren wollen Sie bitte prüfen, ob vor dem 13. Februar 1958 vom BBC Sendungen ausgestrahlt worden sind, die mit dem Kennwort „Heideblume" bestätigt worden sind. Da diese Bestätigung zum Abschluss eines Op. V. benötigt wird, wird um baldmöglichste Erledigung ersucht.

Von den Schreibern der Briefe wurden also Zwischenadressen benutzt, um den eigentlichen Empfänger, die BBC, zu verheimlichen.

Die Absender schrieben unter Kennwörtern, sie wollten in der Anonymität bleiben.

Der Staatsicherheitsdienst sammelte Beweismaterial, wollte es schnellstens auswerten, um [...] den BBC selbst öffentlich zu kompromittieren, und, so lese ich auch, politische Maßnahmen gegen die ‚Hörerbriefsendung' der BBC ‚Briefe ohne Unterschrift' einzuleiten.

Und Mister Jones? Aus den Stasiakten wusste ich seinen Vornamen. Treharne.

Ich gab »Treharne Jones« und »BBC« im Internet ein, fand ein paar Eintragungen, unter anderem in einem Business-Online-Portal. Einmalig darf man das Mitglied kontaktieren, auch ohne dessen Mailadresse zu kennen. Ich schrieb also. Dear Mister Jones ...

Dann die Enttäuschung: Ihre Nachricht konnte leider nicht zugestellt werden.
Ein paar Tage später eine Mail von Jones.
Die Nachricht war doch zugestellt worden.
Treharne Jones war die erste leibhaftige Spur.

Drei

233 Ordner, von 1955 bis 1975, für jedes Jahr mindestens zwölf, also mindestens für jeden Monat einer. Mancher umfangreicher als der andere, oft täglich etliche Zuschriften.

In Reading hatte ich sie entdeckt, in dem stickigen Raum mit den sechs Tischen angefangen zu lesen.

Lieber Londoner Rundfunk,

Haben Sie eine Ahnung, was Sie uns geben? Jeden Abend ein Märchen von Freiheit, oder eine Fata Morgana der Freiheit für uns, stand in einem Brief von 1958.

1958. Das Jahr, in dem das Ministerium für Kultur gegen »westliche Dekadenz« in Tanz- und Unterhaltungsmusik vorging. Ab sofort mussten sechzig Prozent aller öffentlich gespielten Musik aus der DDR und den sogenannten Bruderländern kommen.

Das Jahr, in dem statt einer Taufe die erste sozialistische Namensgebung vollzogen wurde und bei den Wahlen zur Volkskammer einmal mehr 99,7 % der Wahlberechtigten für die Einheitsliste stimmten.

Das Jahr des ersten Berlin-Ultimatums der UdSSR.

Das Jahr auch, in dem sich manch einer, der die Sendung »Briefe ohne Unterschrift« verfolgte, und es waren nicht wenige, fragte, ob es überhaupt einen Zweck hatte, solche Briefe zu schreiben.

Oft war die Anrede: *Liebe Gisela. Lieber Martin.* Oder einfach *Lieber Freund.* Doch nicht an Gisela oder Martin wurde geschrieben, sondern an Austin Harrison, die BBC, den Londoner Rundfunk. Das war der liebe Freund.
Briefe an Annemarie fand ich einige. Manchmal war Annemarie auch eine Tante, oder eine Schwester.

Liebe Schwester Annemarie!
Dass ich es nicht leicht habe, weißt Du ja, Du weißt auch, wo uns der Schuh drückt. Mein Enkel ist noch jung. Das weißt Du ja auch, der Klaus. Er ist gerade im wehrtüchtigen Alter. Was meinst Du denn, wie es jetzt im neuen Jahr wird? Ob es zu einer Wehrpflicht bei uns kommt? Sag mal Deine Meinung, die Du hast. Ich höre doch gern auf Deinen schwesterlichen Rat,

las ich in einem Brief aus dem Jahr 1955.

1955 hatte in der DDR noch das »Freiwilligenprinzip« für junge Männer ab achtzehn Jahren gegolten.
Freiwilligkeit – ein dehnbarer Begriff. Es wurden umfangreiche Rekrutierungsmaßnahmen durchgeführt, die Partei- und Staatsorgane übten Druck auf die Jugendlichen aus, damit sie »freiwillig« in die Kasernierte Volkspolizei, die militärische Vorläuferorganisation der Nationalen Volksarmee (NVA), eintraten.

Ein Schreiber machte sich diese Gedanken:

Kann man von uns Jugendlichen Widerstand gegen das heute bei uns herrschende Regime erwarten. Diese Frage soll man mal ganz ruhig stellen. Ich z. B. selber.

Ich besuchte 11 Jahre nur kommunistische Schulen und musste die marxistisch leninistische Doktrin hineinfressen. Sie wurde eingepaukt. Von niemandem geglaubt, aber ernsthaft gelehrt und zum Teil auch ernsthaft gelernt. Man musste ja.
Wer wollte schon ein schlechtes Zeugnis nach Hause bringen? Die Eltern schwanken auch oft, weil sie ihren Kindern nur eine gute und vor allem friedliche Zukunft geben möchten. Weiß ich, wie es früher wirklich war. Erwachsene widersprechen sich, Geschichtsbücher verfälschen die Wahrheit. »Was ist Wahrheit?« Es ist schwer, überall durchzufinden, ohne Schaden zu nehmen. Und hab ich nicht vielleicht trotzdem, obgleich ich das Gegenteil glaube, doch einen Schaden bekommen.

Es gab kaum etwas, worüber die Hörer nicht schrieben. In einem Brief von April 1960 las ich:

Theoretisch gibt es in der SBZ alles. Praktisch sieht das so aus: Apfelsinen in Chemnitz, Blumenkohl in Rostock u. Dresden, Äpfel in Erfurt und Leipzig, Zwiebeln in Magdeburg, saure Gurken in Schwerin, Bananen in Cottbus, Radieschen in Görlitz usw. Das nennt man im SED-Jargon »Warenstreuung«!

Klein-Friedel, Bautzen schrieb:

Im Radio ist auch heute wieder nichts zu hören. Keine Nachrichten, kein »Tagebuch«, kein »Verwunderter Zeitungsleser«. Und nun nichts zu lesen. Nur Schriftsteller auf …tschenko oder …kowsky. Gute Sachen, gar nichts gegen zu sagen, aber man will nicht immer nur Gutes. Welles oder Conan Doyle wären mir heute gerade recht, doch die sind verpönt und nicht zu kriegen. Was bleibt mir noch, als Good Night everybody.

Die Befürchtungen eines Vaters oder einer Mutter von Anfang August 1960:

Überall in Elternkreisen hört man jetzt das ominöse Wort »Ganztagserziehung«, und es verbreitet nach allem, was wir in der letzten Zeit erlebt haben, nur Angst und Schrecken. […] Hat man an den Schulen nicht schon genug experimentiert? Sind unsere Kinder nur noch Versuchskarnickel, ähnlich den bedauernswerten Tieren, mit denen man in der Vivisektion arbeitet? Und sind wir Eltern nur noch Staatsangestellte für den Zweck, diesem Ungeheuer von einer Partei Kinder zu zeugen, mit denen sie umgehen darf, wie es ihr beliebt? […]

Ich fand Briefe von Soldaten.

Es ist kein Geheimnis, dass die NVA Angehörigen 3–4 Mal wöchentlich zu den Abendbrotportionen die »gute Sahna« aufgetischt bekommen. […] Ich sprach das einmal im Politunterricht an. Der Schulungsoffizier sagte mir auf den Kopf zu, ich sei ein politischer Tiefflieger. So sieht es auch mit anderen Dingen bei uns aus. Die Stimmungen in den Einheiten sind bei den Soldaten und auch den Unteroffizieren (davon sind auch einige Offiziere nicht ausgeschlossen) nicht die Besten. Soldaten, die gerade 1 Jahr ihren Dienst versehen, aber haben schon, auf Deutsch gesagt, die Schnauze voll. Hier hört man den ganzen Tag weiter nichts als – Erhöhung der Einsatzbereitschaft. Und das ewige Gequatsche von den kriegslüsternen westlichen Imperialisten. Ich sage Ihnen, das habe ich satt. Ich und alle wie wir hier sind, werden gezwungen, eine bis zwei Zeitungen zu bestellen. Aber nur die Überkandidelten lesen sie. Schon fünf Minuten nach der Ausgabe der Zeitungen findet man sie auf der Toilette wieder. Selbst nach dem Dienst ist man nicht Mensch über sich selbst. Alles ist bei uns in Arbeit aufgeführt. Es heißt: Sportarbeit, Kulturarbeit und Parteiarbeit. Das ist auch so ein Ding mit der Partei. Ich bin auch drin. Könnte mich heute noch ohrfeigen deswegen. Ich will mich hier nicht rausreden, aber es ist Tatsache. Als ich geworben wurde, gab ich zu verstehen, dass ich politisch noch nicht klar sehe. Man hat mich überrumpelt. Nach einigen Aussprachen wurde ich gewählt. So ungefähr hat man es mit mir auch bei der Weiterverpflichtung gemacht. […] Ich könnte noch stundenlang weiterschreiben, will aber für heute schließen. […]

Manch Absender war überraschend kreativ.
Im November 1963 unter der Überschrift *So choose the peopel 99 % the »prince peace« Ulbricht!*

Ein Sprichwort sagt: »Mit Speck fängt man Mäuse«. Was damit gemeint ist, das weiß jeder. So wollte man auch in der Sowjetzone von diesem Sprichwort Gebrauch machen. Man wollte die »Mäuse«, welche die

Wahlen unter den derzeitigen Lebensverhältnissen nicht anerkennen würden, für sich gewinnen. Daher erließ das Ministerium eine Anordnung über die Zahlung von Schichtprämien noch vor den Wahlen. In den Betrieben machte man ebenfalls alles fit, um auf die Menschen eingehend einwirken zu können. In den Läden konnte man ebenfalls Butter und Fleisch zentnerweise kaufen. […] Einer Verkäuferin wurde, weil sie weiterhin die Eier, ja auch Mangelware, vor den Wahlen auf Zuteilung verkaufte, eine Rüge ausgesprochen.
[…] In Berlin notierte ich:
Nichts uff'n Tisch
nichts uff'n Tella
nichts uff'n Boden
nichts im Kella
uff de Toilette keen Klosettpapier
lieber Walter Ulbricht wir danken dir.
'Ne'n Hals haste wie ne Giraffe
mit dem Spitzbart siehste aus wie son Affe
Die Befehle kriste von Moskau
Darum jetet uns noch so mau
Und schließte mal ab die Rejierungstür
Tret ick noch mal mächtig in Hintern dir.
Dann kannst da nen andern Blumenträger holen
Den da kannste weiter dann verkohlen.
Zur Hobelbank an deiner alten Stelle
Als von na Welt jehasster Tischlergeselle,
da wern da wohl wenige begleiten
und die Drei det sind keene gescheiten.

Drum sagt das Volk, die ganze Welt hier
Willste nen Abjang wie Connie, dann bessa dir.

So viele Briefe. Jedes Schreiben anders. Momente aus einzelnen, aus so vielen Leben. Und doch Momente eines Daseins. Ich konnte nicht aufhören zu blättern und zu lesen, fand alle Gemütslagen: sorgen- oder humorvoll, wütend oder sehnsüchtig, sachlich oder fragend, glühend oder desillusioniert. Der Adressat, die BBC, war das Ventil.

Am 16. April 1970 erreichte dieser Brief eines sechzehnjährigen Mädchens Austin Harrison:

[…] Ich habe nämlich einen Berufswunsch, der zur Zeit in der Volkswirtschaft nicht so notwendig gebraucht wird. Dann wird aus mir eben etwas anderes gemacht. Ich möchte an meinem späteren Beruf einmal Freude haben und etwas leisten können. Die Berufswahl ist ein so wichtiger Schritt, der Verlauf des gesamten weiteren Lebens entscheidet sich doch damit. Aber ich kann diesen Schritt nicht alleine tun, was gibt mir auch das Recht dazu. Schließlich hat der Staat mich ausgebildet und da bin ich ihm gegenüber verpflichtet. Manchmal will mir das einfach nicht in den Kopf. Aber um das alles zu verstehen, fehlt mir wahrscheinlich das nötige Klassenbewusstsein.
Zur Erweiterten Oberschule bin ich ja doch nur gekommen, weil ich in der Schule was verstanden habe, vor allem aber weil ich es verstanden habe, in gewissen

Situationen gewissen Leuten nach dem Mund zu reden bzw. zu schweigen.
Ich finde das selbst von mir charakterlos. Aber was soll ich machen? Wir werden ja zur Lüge erzogen. Manchmal kann ich Wahrheit und Lüge nicht mehr unterscheiden. Die ganze Welt ist verlogen. Und die ganze Politik besteht nur im Wetteifern von Lügen. Hat das Leben da überhaupt noch einen Sinn?

Egal ob alt oder jung, in Austin Harrison sahen die Schreiber einen Vertrauten.
Sogar Kindern ging es so.

Meine lieben Freunde!
Ich bin ein Schüler der 8. Klasse und im Bezirk Lichtenberg geboren. Wir bekommen in der Schule lauter Quatsch über die Politik zu hören. Darum höre ich Ihre Sendung sehr gerne. In der letzten Zeit bin ich ganz verblödet worden, weil alles nur um Lenin ging. In der Staatsbürgerkunde erzählt uns der Lehrer lauter widersprüchliges Zeug. Wir trauen uns aber nicht, dem Lehrer mal unsere Meinung zu sagen, denn wir haben Angst, dass mal der Staatssicherheitsdienst vor unserer Tür steht. Ich verurteile den Sozialismus in der DDR sehr. Aber wir können leider nichts machen.
Mit vielen Grüßen, Ihr Eselchen

Oder vom 23. März 1962:

Ich bin zwar noch ein Kind, aber ich verstehe, was in der DDR vorgeht.[…] Bei uns in der Schule hetzen sie uns auf gegen die kapitalistischen Länder. Und westlichen Rundfunk dürfen wir nicht hören und nicht sehen. Man darf ja nicht einmal darüber reden, was die Freiheit betrift. Im Ulbricht-KZ ist es scheuslich. Die Arbeiter werden ausgebeutet. Davon schweigt Spitzbart. Aber über die westlichen Länder hetzt er, was er kann. Im Deutschen Fernsehfunk hetzen sie auch. Deshalb drehen wir seltener die Flimmerkiste an.

So vielseitig die Briefe in Art und Inhalt auch waren, sie hatten eines gemeinsam: den Glauben an eine bessere Zukunft. In einem Brief von 1959 las ich: *Wir kennen uns nicht, wir gehören allen Gesellschafts- und Altersklassen an, wir haben verschiedene Vorstellungen über den einzuschlagenden Weg, und doch sind wir eine Gemeinschaft. Schon das Wissen darum, dass wir in unserem Kampfe nicht allein auf verlorenem Posten stehen, gibt uns die Kraft und den Mut, diese Briefe zu schreiben.*

Auch wenn es anonym sein musste.

Normalerweise verstecken sich hinter anonymen Briefen meistens charakterlich minderwertige Elemente. Da man bei unseren Briefen jedoch staatlicherseits gezwungen ist, ohne Namensnennung zu schreiben, fällt die Schande nicht auf die Briefeschreiber, sondern auf das System zurück, welches die Menschen dazu zwingt.

Einer, der 1957 das *Freiheitsparadies verlassen hatte* und nun in einem Westsektor lebte:

[...] Da brauche ich keine Angst zu haben, dass eines Tages der rote SSD vor der Türe steht u. sagt, »Komm mit, du bist ein Staatsfeind«, denn so ist es mir doch im Jahre 1953 ergangen. Der SSD hat meine Briefe, die an Euch gerichtet waren, abgefangen, 16 Monate habe ich meine Freiheit eingebüßt, bloß weil ich die Wahrheit schrieb.

Da waren sie, die drei gefährlichen Buchstaben. Sie waren nicht nur gefährlich für jene, die sich vor der Wahrheit fürchteten, für die, die die Wahrheit verbreiteten, für jene, die die Wahrheit hören wollten und auch hörten. Am gefährlichsten waren die drei Buchstaben für jene, die an die BBC schrieben.

Vier

Westberlin ist die »absurde Laune der drei alten Männer Churchill, Stalin und Truman« – hatte Jean-Luc Godard gesagt. 2,2 Millionen Menschen und 7000 Bienenvölker, 21 Kilometer Mauer, 139 Kilometer Stacheldraht und 202 Wachttürme.
Auf dem Potsdamer Platz mähen Grenzsoldaten Gras, damit die Stolperdrähte Kaninchen nicht zur Falle werden.
Im KaDeWe gibt es Hummer, Kaviar und Champagner.
In Gatow, Wilmersdorf und Spandau stehen rote Telefonzellen und rote Briefkästen.
Vor der Gedächtniskirche lungert die Jugend in Minirock und Schlaghose, bunt, aufsässig und langhaarig wie in London. Harrison fühlt sich fast wie zu Hause.
Fremd fühlt er sich, wenn er Sätze hört wie, »Früher hat man so was verbrannt«.
In Berlin gibt es keine einfachen Antworten.

Nach seinem Besuch bei der älteren Leipziger Dame fährt Harrison direkt zum Savignyplatz.
An einem Eckhaus auf einem Messingschild zehn Klingelknöpfe, zwei Reihen mit jeweils fünfen, darunter ein einzelner Knopf, unter diesem das Wort Türöffner, über den zehn Klingelknöpfen ein Lautsprecher für die Gegensprechanlage. Neben dem Klingelschild ein Schild mit der Aufschrift Savignyplatz 6. Darunter ein Schild mit der Aufschrift Eingang um die Ecke. Noch mehr Schilder: dpa,

Time-Life, CBS-News, British Broadcasting Corporation London, Reuters LTD. Im Erdgeschoss befinden sich ein Autohändler und ein Teppichladen.
Das Büro der BBC ist in der ersten Etage.
Das Reporterzimmer ist mit Fernsehgerät, Bildfunk, Mikrofonanlagen mit geschlossenen Tonbandgeräten, Mini-Diktaphone, 2 Kurzwellengeräte, Radio, fototechnische Ausrüstungen als technisch komplett zu bezeichnen. Laboreinrichtung wurde nicht bemerkt. So weit verstanden, werden die Arbeiten bei DPA durchgeführt.
(Anm.: Zur Zeit des Besuches war nur Mr. J. und eine Empfangsdame anwesend, was eine genaue Beobachtung des Arbeitsablaufes nahezu ausschloss).
[...]
Um festzustellen, welch ein Publikumsverkehr sich dort abspielt, habe ich das Gebäude an 4 Tagen zu verschiedenen Zeiten beobachtet und zwar von dem gegenüberliegenden Restaurant ‚Preußen Hof'. Zunächst war ich vormittags dort, ca. 1–1½ Stunden. In dieser Zeit habe ich lediglich 1 Paar (Mann und Frau) hineingehen sehen, das ca. ½ Stunde später wiederkam.
Dann war ich einmal mittags dort von 12–13.30 Uhr. In dieser Zeit habe ich 14 Personen gesehen, darunter einige Frauen

(vermutlich Angestellt). Danach habe ich noch zweimal nachmittags zwischen 15.00–16 Uhr im ‚Preußen Hof' gesessen. Einmal habe ich 5 Besucher wahrgenommen, das andere Mal 7. Bei diesen Angaben muss ich im Hinblick auf die Genauigkeit folgende Einschränkung machen. Die Sicht vom ‚Preußen Hof' ist nicht die Günstigste, da vor dem Fenster ein Vorgarten mit Hecken ist und andererseits vor dem Eingang zur BBC Gebrauchtwagen des Autohändlers stehen, der im gleichen Haus einen Laden hat. Auf der anderen Seite vom Eingang zur BBC befindet sich ein Teppichladen, so dass ich nicht mit Sicherheit sagen kann, woher die Leute kamen. gez. IM

Austin Harrison betritt das Haus. Er ist mit Peter Johnson verabredet, der seit 1965 Vertreter des Westberliner Büros ist. Johnson besitzt die Military Identity Card, wie jeder Leiter des BBC-Büros am Savignyplatz, damit er ungehindert zwischen Ost und West pendeln kann. Johnson pendelt oft.
Genau wie Harrison spricht Johnson ausgezeichnet Deutsch.
In seinen Kommentaren erweist er sich als erbitterter Feind der DDR.

Harrison und Johnson gehen in die Kneipe Dicke Wirtin, essen Eintopf und trinken Eisweizen oder Rixdorfer Galgen oder Bunte Wolke.

Johnson sagt: »Als ich noch Korrespondent für Reuters war, wohnte ich öfter im Hotel Johannishof in Ostberlin. Einmal gab mir der Portier eine Packung Eier, die ich ein paar Monate zuvor dort vergessen hatte. Ich blickte etwas angeekelt. Der Portier nahm ein Ei aus der Packung, zerschlug es auf dem Tresen der Rezeption, roch daran und sagte, das Ei wäre vollkommen in Ordnung.«

»Das ist was fürs politische Kabarett«, sagt Harrison. »In Leipzig habe ich wie üblich im Ratskeller gegessen. Am zweiten Tag saßen ein Mann und eine Frau mit am Tisch. Der Mann sagte, er sei Monteur in einem volkseigenen Betrieb. Am Abend zuvor wollten seine Frau und er zum Tanz. In der Tanzgaststätte Haus Leipzig. Als sie um 18 Uhr dort ankamen, war schon zu lesen: Ausverkauft. Um 20 Uhr sollten die nicht abgeholten Karten weiterverkauft werden. Bis 23 Uhr hätten sie gewartet, sagte die Frau. Und so einiges gesehen, sagte der Mann.«

»Ach«, sagt Johnson. »Was denn?«

»Wie der Schwarzhandel mit Eintrittskarten floriere«, sagt Harrison. »Der Kassierer hätte Gästen aus den Weststaaten statt 3,10 Mark 20 Mark oder 30 Mark abgeknöpft. Um 22:30 Uhr hätte er die Karten ohne Tischnummern verkauft, die Nummer auf der Eintrittskarte einfach durchgestrichen. Jeder sollte sich seinen Platz im Saal selber suchen. Es hätte für das Geld aber nur noch Stehplätze gegeben. Da seien mehrere Gäste gleich wieder gegangen. Der Mann sagte noch, bei ihnen werde immer in den Zeitungen geschrieben, dass im Westen die ganzen Gauner wohnen.«

Johnson fragt: »Er wollte nicht wissen, wie viele Gauner in seinem Land leben?«
»Der Mann war zur Messe delegiert worden«, sagt Harrison. »Auf dem Rückweg von Leipzig nach Berlin habe ich eine Anhalterin mitgenommen. Sie sagte, noch immer gebe es in der DDR die Bourgeoisie. Der Beweis dafür sei, dass sich die Professoren an den Universitäten nicht am Ernteeinsatz beteiligten. Ich habe ihr entgegnet, die Professoren zögen doch die geistigen Früchte.«
Er glaube, sagt Harrison noch, er sei in den letzten Tagen auf Schritt und Tritt beobachtet worden. Alles entspreche so sehr dem Klischee, dass Tatsachen zum Klischee würden. Er habe den grauen Wartburg in einer Seitenstraße in Markkleeberg sehr wohl bemerkt.
Johnson sagt: »Für die sind wir doch sowieso britische Geheimagenten.«

Fünf

Wie richtig hatte Peter Johnson mit seiner Vermutung gelegen!

Für das MfS waren die BBC-Journalisten getarnte Spione und in Wirklichkeit für den englischen Geheimdienst tätig, horchten Leute aus, warben »Agenten« an, die den Auftrag bekamen, »Hetzbriefe« zu schreiben.

Weil die BBC-Journalisten nach Ansicht des Staatssicherheitsdienstes Geheimagenten waren, allen voran René Austin Harrison, geboren 1916, wohnh. London, sollte er sogar 1958, sobald er in der DDR auftauchte, festgenommen werden.

Dazu kam es nicht. Harrison reiste 1958 nicht ein.

Alles, was das MfS bis dahin über ihn in Erfahrung gebracht hatte, wurde der Abteilung XII der Bezirksverwaltung Leipzig übergeben, zur Fahndung und Aufenthaltsermittlung.

Dann, am 3. September 1961, erhielt das MfS durch das Pressezentrum in Leipzig die Mitteilung, dass Harrison beabsichtigte, die Herbstmesse zu besuchen.

Diese Reise ließ sich Harrison, der inzwischen Stellvertretender Leiter des German Service in London war, nicht nehmen. Davon bin ich überzeugt. Schon gar nicht nach dem 13. August. Erst recht nicht, da so viele Briefe die BBC erreichten.

Wie dieses Schreiben kurz vor dem Bau der Mauer:

Lieber Onkel,
Noch nie habe ich an Dich geschrieben. Dies ist ein Hilferuf! Verlasst uns nicht! Ulbricht will den Friedensvertrag erzwingen, um uns, die wir nicht nach dem Westen fliehen können, hermetisch abzuschließen von dem freien Westen. Die Massenflucht geschieht aus Angst davor, aber gleichzeitig ist sie ein Ausdruck des Misstrauens gegen den Westen. Wenn alle fest vertrauen würden, dass uns der Westen nicht im Stich lassen wird, dann würden nicht so viele fliehen. 1953 und 56 wurden wir im Stich gelassen, ja noch mehr, uns wurde durch den Suez-Streich in den Rücken gefallen. Es geht also auch um die Glaubwürdigkeit der freien Welt. Lasst uns daher nicht nochmal und endgültig im Stich. Deine Angela.

Am 13. August 1961, am Tag des Mauerbaus, schrieb jemand aus Zwickau.

Aufgrund der heutigen Ereignisse möchte ich Sie bitten, den Inhalt dieses Schreibens der Regierung der Deutschen Bundesrepublik mitzuteilen. Ich fordere unverzüglich von der Deutschen Bundesrepublik Maßnahmen gegen eine Regierung, die alles gegen eine Wiedervereinigung des deutschen Volkes unternimmt, was nur irgendwie möglich ist. Ich fordere die deutsche Frage vor der UNO. Ich fordere eine Information aller unabhängigen Staaten der Welt über Berlin und die Deutsche Frage. Ich fordere wirtschaftliche Maßnahmen gegen den gesamten kommunistisch-imperialistischen Herrschaftsbereich.

[…] Millionen Flüchtlinge, tausende von Familien wurden getrennt. Das Leid dieser Menschen schreit zum Himmel. […] Aber man kann die Idee zur Freiheit weder durch Stacheldraht noch durch Bomben und Granaten unterdrücken. Wenn es sein muss, werde auch ich für die Freiheit meines Vaterlandes kämpfen.

Wut, Empörung, Verzweiflung, Schmerz. Ich konnte sie förmlich spüren, je mehr ich las. Auch das Gefühl von Resignation, wie in diesem Brief:

Die Politik der zeitweiligen Rücksichtnahme ist nach diesem Tag einer Politik der totalen Unterdrückung und Gewalt gewichen. Staatlich organisierte Gewalt versucht nach einer der letzten Verbindungen mit der freien Welt – nach Fernseh- u. Radioverbindung – zu greifen. Die Versorgungslage ist noch nie – auf allen Gebieten – so traurig gewesen wie jetzt. Es herrschen hier keine Verzweiflung, sondern tiefe Bitterkeit und ein Gefühl des Alleingelassenseins im Kampf mit der brutalen Gewalt. Der Widerstand, der sich schon weit vorgewagt hatte, muss jetzt nur noch passiv und versteckt geleistet werden.

Oder in diesem vom 5. September:

Mit Schrecken und Entsetzen haben wir gehört, dass auch Präsident Kennedy uns abgeschrieben hat. Das Stück Papier, also der Separatvertrag mit der DDR, das sind wir 17 Millionen, die ihre Meinung nicht sagen dürfen, ohne ins Zuchthaus zu kommen. Wir wollen keinen Friedensvertrag mit zwei deutschen Staaten. Wir wollen die Wiedervereinigung, damit die Grenzen innerhalb Deutschlands endlich fallen. Wir wollen auch überhaupt kein Militär mehr.

Ein Fünfzehnjähriger schrieb:

Ich bin noch sehr jung, doch ich habe wie viele meiner Freunde und Klassenkameraden dieses verlogene, brutale Regime in den wenigen Jahren meines Lebens hassen gelernt. Denn dieses Regime war es, das einen meiner Freunde verhaftete, das mich und meine Eltern unseres katholischen Glaubens wegen stark benachteiligte, das uns Schüler immer wieder zwingt, in Diktaten und Aufsätzen über Dinge zu schreiben, die nicht der Wahrheit entsprechen, das unserem Volk Presse-, Rede- und Wahlfreiheit nahm; um uns schließlich am 13. August das einfachste Recht aller Menschen, das Recht, dorthin zu gehen, wo man beliebt, zu nehmen. […] In der Schule wird uns fast täglich gesagt, dass der Sieg des Sozialismus unaufhaltsam sei, da sich z. B. immer mehr Kolonialländer befreien. Man behauptet hier auch, dass das sozialistische Lager schon die Übermacht an militärischer Stärke und in Zahl und Größe der Länder erlangt habe. Ist das der Fall? […]
Beantworten Sie, Herr Hewersen, mir bitte diese Fragen. […]

Harrison wollte sich, auch davon bin ich überzeugt, selber ein Bild machen. Darum reiste er in jenem Jahr zur Herbstmesse. Trotz der Worte vom bundesdeutschen Vizekanzler und Wirtschaftsminister Ludwig Erhard: »Ich betrachte es als selbstverständlich, dass niemand so würdelos sein wird, jetzt noch zur Leipziger Messe zu gehen.«
Harrison war mit einer Delegation von Westberlin aus gefahren, las ich in den Akten, seilte sich aber ab, war viel lieber allein unterwegs. Das war gegen die Vorschrift.
Die Strafe: Harrison wurde auf Anweisung des Pressezentrums nach Westberlin zurückgeschickt.
Harrison ließ sich nicht abschrecken.
Am 7. September war er schon wieder in Leipzig, traf sich mit Kollegen und Freunden, sprach mit Leuten auf der Straße, machte sich Notizen über das, was er hörte. Oft muss es dem entsprochen haben, was in den Briefen geschrieben stand:

> *Auf der Leipziger Messe stehen die schönsten Exponate und in den Betrieben fehlt es immer mehr an Material. Dafür wird der Plan immer höher geschraubt, und die Möglichkeit der Erfüllung liegt wieder in den Händen von Menschen, die nicht wissen, wie sie es machen sollen. Wir haben kein Gesicht mehr ohne Maske. Es ist wichtig, dass wir noch an etwas glauben. Glauben, dass es ein schöneres Leben geben kann, als wir es jeden Tag erfahren? Dabei hilft uns der Londoner Rundfunk, der heute gegrüßt sei von seiner Biene.*

Harrison wurde verfolgt, beobachtet, fotografiert.
Es wird angenommen, dass die imperialistischen Geheimdienste versuchen, ihre Verbindungen zu Agenten wieder herzustellen, die aufgrund der Maßnahme vom 13. 8. 1961 abgebrochen sind.

Am 15. September 1961 verfasste ein gewisser Unterleutnant Popp einen »Sachstandsbericht«. Die Leute, mit denen Harrison in Leipzig zusammengetroffen war, sollten »festgestellt« und »aufgeklärt«, und nach einer Festnahme entsprechend der gegebenen politisch-operativen Situation sollte das Material öffentlich ausgewertet werden.
Auf seinem Rückweg nach Berlin nahm Harrison zwei Messegäste mit, die nach Potsdam wollten.
Auch darüber fand ich einen Eintrag in den Akten.
Es bestehe die Möglichkeit, in Zusammenarbeit mit der Bezirksverwaltung Potsdam diese konkret festzustellen.
Von einer Festnahme Austin Harrisons wurde angesichts der politischen Situation allerdings im September 1961 abgesehen.
Sich wenige Wochen nach dem Bau der Mauer an einem Mann von der BBC zu vergreifen, war wohl auch dem MfS zu heiß.

Die Briefe, die Harrison nach seiner Rückkehr nach London erreichten, müssen ihm unter die Haut gegangen sein:

Es ist im September 1961 in Berlin. Überall zum Westen sind Mauern – unüberwindlich – Tag und Nacht bewacht von Polizei und Angehörigen der NVA. […] Überall, wo man hinhört, ist große Trauer und Niedergeschlagenheit zu bemerken über derartiges Unrecht. Es gibt durch die brutale Trennung zwischen Ost- und Westberlin viel Leid. Anfangs standen große Menschenhaufen an den Absperrungen und winkten rüber. Dann kam die Polizei mit Gummiknüppeln und Wasserwerfern. Jetzt sind keine Menschen mehr angesammelt, und sobald es geschieht – völlig harmlos – wird gerufen: bitte weitergehen.
Und außerdem: wohin schauen denn die Bewacher an der Grenze? Die Wache steht mit dem Gesicht zu uns gewandt, uns bewacht sie! Wer ausriss, wurde erschossen, mehrmals passierte es. Tolle Abenteuer werden bestanden, um in den westlichen Teil von Berlin zu gelangen. Viele alte Leute können nicht mehr von ihren Angehörigen betreut werden. Kinder werden unehelich zur Welt kommen, die Eltern wollten es nicht so, doch sie kommen nicht zueinander.

Oder:
Ich muss auf diese Weise versuchen, in Verbindung mit Euch zu bleiben […] Wir hoffen aber noch. Wir hoffen auf Euch, die Ihr drüben mehr Bewegungsfreiheit habt und den Mund auftun dürft. Helft uns. Zögert nicht zu lange! Schon wird mit fieberhafter Eile die Umgehungsbahn gebaut. Bis November spätestens

soll sie fertig sein. Dann gibt es für uns endgültig keine Möglichkeit mehr, noch irgendein winziges Loch im Eisernen Vorhang zu finden, durch das man wenigstens noch das nackte Leben retten kann.

Und:

Oh, wie bereue ich es doch, dass ich nicht doch, bei meinen Berlin-Aufenthalten den entscheidenden Schritt in die Freiheit getan habe. 3x war ich bereits so weit, aber immer wieder sagte ich mir, auf Eure Rettung vertrauend, es hat ja noch Zeit, so lange es noch einigermaßen auszuhalten ist, bleib ich noch, man kann ja später noch abhauen – doch das ist nun unmöglich.

Die Hörer zu erreichen, wurde nicht einfacher.

Sollen doch jetzt bei uns in Mitteldeutschland die Verbindungen durch den Äther mit dem freien Westen auch noch abgebrochen werden. Man sagt uns, alle westlichen Rundfunk- und Fernsehstationen sind Hetzzentren, und deshalb darf sie kein Bürger der DDR empfangen. […] Nach dem 13. August mussten alle Besitzer eines Fernsehgerätes, die eine Antenne auf dem Dach ihres Hauses angebracht hatten und damit das 1. Programm des Deutschen Fernsehens vom Sender Ochsenkopf bei Hof empfingen, diese abmontieren. Man drohte mit Einziehung des Fernsehgerätes, falls dieser Aufforderung nicht nachgekommen werden sollte […]

schrieb *ein Bewohner aus Mitteldeutschland.*

Oder:

Es ist nun schon so weit gekommen, dass man sich zweimal am Tag als Fernsehmechaniker betätigen muss, um die Fernsehantenne in irgendeinem Baumwipfel vor 20 Uhr anzubringen und sie dann wieder gegen 22.30 Uhr herunterzuholen, nach dem Motto: »Jeder Mann an jedem Ort, zweimal am Abend Klettersport!«

Dass die Antennen, die im Osten Richtung Westen gedreht waren, im Volksmund »Adenauerfahnen« hießen, musste auch Harrison zu Ohren gekommen sein, oder dass FDJ-Aktivisten seit dem 13. August überall in der DDR auf Dächern herumkletterten und die Fernsehantennen in Richtung Osten drehten. Aber, dass sie abmontiert wurden?

Im November Zuschriften über die Versorgungslage.

Seit dem 13. August ist alles rapide schlechter geworden. Wenn es vor dem schon dies und jenes nicht gab, so gibt es jetzt überhaupt nichts mehr. Keinen Pfeffer, keine Zwiebeln, keinen Reis, von Obst und Gemüse ganz zu schweigen. Man könnte 100 Sachen aufzählen, aber das würde zu weit führen. Aber nicht nur mit Lebensmitteln sieht es schlecht aus. Im Fleischerladen leuchten die Kachelwände kahl und leer. Seifenpulver gibt es seit Wochen überhaupt nicht. Was machen wir armen Frauen? Wenn nicht alles so traurig wäre, könnte man laut lachen, nicht wahr?

Im November auch so etwas, von Kennwort *Chinesischer Tee:*

> *»Kaiserkronen« sollen verschwinden, »Königskerzen« werden ausgelöscht. Es herrscht »Klatschmohn«. »Puffbohnen« werden wegen guten Gedeihens reichlich angeboten. »Küchenkräuter« bleiben unbeachtet. »Männertreu« weiß nicht, was noch werden soll, wünscht »Schierling« und »Giftpflanzen« auszurotten, mit Hilfe der Silbertanne, in deren Schatten ein kleines Blümlein, d.h. »Vergiss nicht mein« gedeihen möchte. Wer wagt die Zusammenstellung dieses Beetes, dem dann Frau Sonne nicht nur Lebensfreude schenkt, sondern auch alles an den Tag bringt? Dann gehen alle »Gewitterblumen« ein, Kettenhunde überflüssig.*

Und Anfang Dezember:

> *Die Tochter des Lehrers B. wurde im Unterricht wie alle anderen Mitschüler von ihrer Lehrerin gefragt, welche Sender ihr Vater denn zu Hause so einstellen und hören würde. Spontan antwortete die Kleine (7 Jahre): »Mein Vati hört immer Radio DDR, Deutschlandsender, manchmal auch Berliner (nicht SFB). Was andres kriegt er mit unserem alten Kasten nicht rein.« Aber dann fügte sie noch verschmitzt lächelnd hinzu: »Wenn Vati aber RIAS oder Westberlin hören will, dann geht er runter zum Großvater, der hat ein neues Radio und hört auch immer West.«*
> *Der guten Lehrerin standen die Haare zu Berge, und sie konnte kaum noch gerade stehen. Sie wusste, genau ihr*

›Vati‹ ist der stellvertretende Direktor der Oberschule und jahrelang schon sehr aktives Parteimitglied, das sich besonders in der letzten Zeit für ein Verbot der Westsender an seiner Schule ausgesprochen hatte. Was den guten Großvater mit dem neuen Radio anbetrifft, so sei hier gesagt: Es ist der gefürchtetste und verhassteste Polizist, den unsere Stadt kennt. […]

schrieb jemand unter *Humor geht nicht unter.*

Sechs

»Tim, so wurde Austin Harrison von seinen Kollegen genannt. Er liebte alles Weltmännische. Fast immer trug er einen hellgrauen Anzug und Wildlederschuhe. Wenn er ins Studio kam, hatte er eine Rose aus seinem Garten im Knopfloch seines Jacketts«, sagte Herr Burkart.

Seinen Namen und seine Telefonnummer hatte ich von Treharne Jones bekommen. Er hatte mir nach meinem Besuch in London geschrieben, ihm sei jemand eingefallen, der für »Briefe ohne Unterschrift« gearbeitet hätte.

»Es hilft doch viel, wenn man Leute kennenlernt. So bekommt man wertvolle Fingerzeige.« Das hätte Miss Marple jetzt gesagt.

Günter Burkart war die zweite leibhaftige Spur.

In London waren die Arbeitszeiten für den jungen Burkart, der 1961 aus Hamburg zur BBC nach London kam, ungewohnt. Von 10 bis 18 Uhr, morgens fünfzehn Minuten Teepause, dann eine Stunde Mittagspause. Und nachmittags Kaffeepause, egal wie lang. Nur zur Konferenz täglich um 11:15 Uhr und zur Aufnahme am Freitag hatte man da zu sein.

Spaziergänge zwischendurch? Warum nicht. Es konnte doch sein, dass einem unterwegs etwas einfiel. Hauptsache, die Arbeit war erledigt.

Manchmal ging es mittags in den BBC Club gegenüber vom Bush House. Zigaretten, Zigarren, Whiskey, Cognac. Vor allem Gespräche. Es kam vor, dass man nicht ganz nüchtern zur Arbeit zurückkehrte.

»Die ganze BBC war ungeheuer menschlich. Es war ein genialer Haufen. Die gescheitesten, lustigsten und exzentrischsten Leute.

BBC – das war die beste Schule. Besonders wir Deutsche waren dankbar, dabei sein zu dürfen. Da war uns auch der Verdienst egal«, sagte Herr Burkart.

Die Redakteurin der Zeitschrift »London Calling«, deren deutsche Fassung Burkart zwei Jahre lang betreuen sollte, war die erste Sekretärin des German Service gewesen. Als sie sich in den 1930ern bei der BBC bewarb, wurde sie gefragt: Do you think you can afford to work for the corporation? Do you have a private income? So schlecht wurde bezahlt.

»Harrison betrieb nebenbei ein Beerdigungsinstitut mit eigenem Krematorium in London. New Southgate«, sagte Herr Burkart. »Er hatte es von einem Onkel geerbt.«

Der Friedhof liegt im Norden Londons. Er ist fast schon ein Park. In der Mitte eine gotische Kapelle, der Eingang ein steinernes gotisches Tor.

»›Deines Lebens höchster Lohn, ist ein Grab bei Harrison‹, lautete ein Spruch von ihm«, sagte Herr Burkart. »Nicht selten verwechselten die Leute Southgate mit Highgate und suchten das Grab von Karl Marx bei Tim.«

Zwei Jahre lang war Günter Burkart Redakteur der Programmzeitschrift »Hier spricht London«. Danach kam er zu »Briefe ohne Unterschrift« ins Bush House, wo er sich ein Zimmer mit Rudolf Spitz teilte, dem österreichischen Autor und Kabarettisten, dem Gründer des Wiener Kabaretts »Die Stachelbeere«, der aus dem von den Nazis besetzten Österreich emigrieren musste, nach England kam, wie andere, die am 21. Juni 1939 die Exilbühne »Das Laterndl« gründeten. Die Adresse war Westbourne Terrace.

Telefonnummer: Paddington 8321.

Von Rudolf Spitz hat Günter Burkart einiges gelernt, ihn manchmal vertreten und schließlich 1966 dessen Stelle übernommen. »Spitz fand, er habe es lange genug gemacht«, sagte Herr Burkart.

Dass er irgendwann in seinem Leben noch einmal über »Briefe ohne Unterschrift« reden würde, hätte er nie gedacht.

Neben seiner Arbeit für die Sendung war er zuständig für andere Sendungen im »Programm für die Sowjetzone«.

»Später hieß es ›Programm für Ostdeutschland‹; nur Erich Fried durfte DDR sagen«, sagte Herr Burkart.

Gelegentlich machte Burkart den »Situationsbericht«, einen Kommentar speziell für DDR-Hörer, der bestimmte außenpolitische Ereignisse analysieren sollte.

Einmal sei er wie jeden Freitag mit dem Lift zur Aufnahme hinunter ins Studio gefahren.

Der Lift hielt zufällig in der Nachrichtenabteilung im vierten Stock. Er hörte, wie jemand rief: Grotewohl kicked the bucket.

Er fuhr sofort wieder hinauf zu Harrison in den siebten Stock.

»Ich sagte, das geht so nicht. Ich kann doch nicht den Situationsbericht sprechen, ohne auf den Tod von Otto Grotewohl einzugehen.«
Von dem Tag an wurde der »Situationsbericht« live gebracht.
»Erinnern Sie sich an Swetlana Allilujewa?«, fragte Herr Burkart. »Die Tochter Stalins, die sich 1967 in die USA absetzte. Sie hatte einen Essay geschrieben und die Rundfunkrechte dieses Beitrages ausdrücklich den externen Services der BBC gegeben. Der Controller musste nach New York fliegen, das Manuskript höchstpersönlich in Empfang nehmen. In London wurde der Beitrag übersetzt.
Ich bekam die deutsche Fassung. Sollte sie um sieben Minuten kürzen. Für die Sondersendung wurden alle anderen Sendungen des Deutschen Dienstes, auch ›Briefe ohne Unterschrift‹, ausgesetzt. Hugh Carleton Greene, jüngerer Bruder von Graham Greene und bis 1946 erster Leiter des German Service, kam ins Studio. Er hatte es immer so gesehen: Hauptprinzip ist die Wahrheit und Wahrheit verpflichtet. Hugh Carleton Greene. Ein Riese. Nicht nur, weil er zwei Meter zehn maß.«

Und wie war es mit »Briefe ohne Unterschrift«?
Als Günter Burkart in London war, funktionierte es so: Die Hörerbriefe kamen täglich aus dem Berliner Büro nach London. Sie gingen zunächst in die Abteilung »Audience Research« des Deutschen Dienstes der BBC.
Die Briefe bekamen ein Deckblatt.
Ich habe die Deckblätter in Reading gesehen.

»Tim entschied, welche Briefe wir in die Sendung aufnehmen. Er hat sie fast alle gelesen, skizzierte das, was er zu sagen gedachte, handschriftlich.«
Ich habe einige von Austin Harrisons Notizen gesehen, wie die zu einem Brief von *Einer aus der Ostzone:*
»Ich nehme an, dass der Kernsatz in seinem Brief ist die Stelle, wo er schreibt, manchmal kommt es mir vor, dass sich die westl. Regierungschefs von den Russen einwickeln lassen. Selbstverständlich sieht jemand, der gezwungen ist, in der SBZ zu wohnen, die Sache etwas anders als wir, die in London leben und die objektiven Meldungen von allen Seiten zu Gesicht bekommen.«
Austin Harrisons Schrift ist klein, schnörkellos, nach rechts geneigt, die Zeilen klettern bergauf. Vertraut man der Graphologie, so war Austin Harrison ein Optimist, warmherzig und offen.
»Es ist einfach nicht so, dass nur die Deutschen gut Bescheid wissen über die Kommunisten. Es ist einfach nicht so, dass nur die Leute, die den Kommunismus persönlich gekannt haben, über den Kommunismus gut informiert sind. Manchmal kann man nämlich so nah an etwas sein, dass man nicht den Wood für die Trees sehen kann«, hatte Harrison notiert.
»Offen herumliegen ließen wir die Briefe nicht«, sagte Herr Burkart. »Sie wurden in einem Safe aufbewahrt. Wir hielten es durchaus für möglich, dass es Spitzel gab.«
Wenn Harrison die Briefe nicht entziffern konnte, viele ältere Schreiber benutzten noch Sütterlin, las Burkart.
»Ich las also alle diese Briefe, oft aufregende, aufwühlende

Lektüre. Ich habe in London mehr über die DDR gelernt, als ich es in der Bundesrepublik hätte tun können.«
Burkart übersetzte manchmal ins Englische, formulierte die Kommentare vor. Es wurde diskutiert. Die Bürotüren standen offen. Man rief sich die Gedanken zu. Unkompliziert. Liebenswürdig.
»Die Briefe persönlich zu kommentieren, nahm Tim sehr ernst.«
Wichtig war den Erfindern der Sendung, dass immer *ein* Mensch zu den in den Briefen angesprochenen Themen sprach. Und zwar ein Engländer. Und immer derselbe Engländer. Austin Harrison.
»Das unterschied uns vom RIAS«, sagte Herr Burkart. »Ein Kollege von dort sagte einmal: ›Wir haben mehr Briefe als ihr, aber ihr habt die bessere Sendung.‹«

Günter Burkart konnte sich nicht erinnern, dass Harrison je mehr als ein paar Tage hintereinander Urlaub genommen hatte oder krank gewesen war. Für die Aufzeichnung der Sendung war er immer da. Freitagnachmittags, um 14 oder um 15 Uhr.
»19.15 Uhr war die Ausstrahlung«, sagte Herr Burkart. »20.15 Uhr deutscher Zeit.«
Jetzt wusste ich endlich, wann »Briefe ohne Unterschrift« gesendet wurde: »Hier ist der Londoner Rundfunk. Big Ben hat sieben Uhr geschlagen, bei Ihnen, meine Damen und Herren ist es jetzt 20 Uhr, und von jetzt bis 22.15 Uhr hören Sie unser Abendprogramm in deutscher Sprache.«
Günter Burkart konnte es noch auswendig.

Zuerst kamen die Nachrichten. Danach der Abendkommentar. Anschließend für 45 Minuten das »Programm für Ostdeutschland«, zuerst »Briefe ohne Unterschrift«, dann der »Situationsbericht«, und zum Schluss »Parlamentarisch und Unparlamentarisch«. Samstagmorgens wurde die erste halbe Stunde von 5.45 Uhr bis 6.15 Uhr und noch einmal von 7.00 Uhr bis 7.30 Uhr wiederholt.
»Wir hatten viele morgendliche Hörer. In der DDR wurde früh aufgestanden. Für uns war das unverständlich.«
Das Signal aus London nach Berlin ging über Kabel durch die DDR. »Die Sendung, die sie am meisten hassten, ist also unterirdisch durchgeleitet worden«, sagte Herr Burkart. »Ich erinnere mich, es muss in der zweiten Hälfte der 60er Jahre gewesen sein, dass eines Tages das Berliner Büro bei uns anrief und sagte, wir kriegen kein Signal aus London. Tim sagte, es ist passiert, es ist soweit, die haben uns abgeklemmt.«
Am Abend kam die Entwarnung. Ein Bagger hatte bei den Bauarbeiten der Victoria Station die Leitung gekappt.
»Wussten Sie, dass die Sendung, bevor sie ›Briefe ohne Unterschrift‹ hieß, ›Funkbriefkasten‹ hieß? Ohne den ›Funkbriefkasten‹ gäbe es ›Briefe ohne Unterschrift‹ nicht«, sagte Herr Burkart.
Und ohne die »Briefe ohne Unterschrift« keinen operativen Vorgang »Werfer«, dachte ich.
Ich hätte niemals von Johnson, Harrison und Jones erfahren, nie Mister Jones getroffen und auch nicht Herrn Burkart. Ich wäre nicht nach Reading gefahren und hätte nicht all diese Briefe gelesen, die erzählen, wie es war.

»Funkbriefkasten«, das war der Sendeplatz der Briten im German Service für Hörerbriefe von Deutschen aus allen besetzen Zonen.
1946 resümierten die Briten in einem Zwischenbericht, er ist auf Englisch, ich habe ihn in Reading entdeckt:
»Vor einem Jahr, am 4. Juli 1945, sendete die BBC Auszüge aus der ersten Handvoll Briefe, die sie seit dem Ende des Krieges von deutschen Hörern erhalten hat. Wir hatten den nicht ganz ausgefeilten Plan, Hörer dazu zu bringen, auf diesem Wege zu reagieren, eine deutsche öffentliche Meinung entstehen zu lassen, indem wir eine Plattform für freie Diskussion bieten. Der Plan ging auf. Briefe, adressiert an den ›Funkbriefkasten‹, kamen schaufelweise.«

Können Sie Ihren eifrigen und begeisterten Hörern nicht einmal erzählen, wie es in der Abteilung für den Funkbriefkasten zugeht? Wie viele Mitarbeiter der BBC lesen täglich all die Briefe?,

schrieb ein Mann im Februar 1946.

Ein anderer:

Schon seit längerer Zeit höre ich regelmäßig Ihre Sendungen. Dabei fällt mir besonders die sachliche Art Ihrer Nachrichtensendungen gegenüber den einseitigen Sendungen des Rundfunks in der russischen Zone auf.

Oder:

Von größter Wichtigkeit sind Sendungen, aus denen wir Deutsche für den Aufbau einer Demokratie etwas lernen können.

Es kamen auch Briefe aus der russisch besetzten Zone:

Trotzdem ich noch sehr jung bin, weiß ich doch, dass Du der einzige Sender bist, zu dem man Vertrauen haben kann, von dem man weiß, dass er die Wahrheit spricht.

Von einem siebzehnjährigen Mädchen aus Leipzig:

Eine unserer liebsten Ablenkungen von der Eintönigkeit des Lebens sind Ihre Sendungen und vor allem auch der Rundfunkbriefkasten. Der so großzügig allen Anregungen nachgeht. Wie es hier in unserer Zone aussieht, wissen Sie besser als wir. Wir empfinden nur das Drückende und die Unfreiheit.

Von einer Frau aus Ostberlin:

Bringen Sie unseren Landsleuten im Westen nur öfter Briefe aus der russischen Zone zur Verlesung, damit sie den Unterschied begreifen können.

Ich las, dass die Hörer, wenn sie ihren Brief im Radio hörten, der BBC überschwänglich dankten und ihre Bewunderung für die Art und Weise ausdrückten, *wie* die Briefe verlesen wurden.
Die Hörer wurden aufgefordert, die Sendungen zu kommentieren, Verbesserungsvorschläge zu machen, Kritik zu

üben. Die Engländer wollten die demokratische Debatte. Doch, so die Briten: Die meisten Hörer hätten die Fähigkeit, Kritik zu üben, verlernt.

1948 war es aus mit »Funkbriefkasten«.

Post kam trotzdem.

Vermehrt aus der russisch besetzten Zone, hieß es in einer Zwischenbilanz der BBC. Für diese Menschen wollte der Deutsche Dienst weitersenden.

Ein besonders erschütterndes Schreiben »kam von einer Frau oder einem Fräulein C. B.«:

> *Wir waren trotz unserer Niederlage so glücklich, endlich von der Hitlerdiktatur befreit zu sein … Aber jetzt hat man uns Ketten angelegt … die Menschen knicken hier zusammen, seelisch und körperlich, wenn nicht ganz bald Hilfe kommt! Jeder, der nicht zum Volksbegehren ging, lief damit Gefahr, der Willkür der Diktatur sich verkauft zu haben … Vergesst uns, die wir unter der Diktatur stehen, nicht. Keiner von uns will das, was die SED will, und wozu sie unsere Stimmen benutzt, die wir ihr gar nicht gegeben haben …*

Immer öfter lasen die Londoner:

> *Ich bin gezwungen, anonym zu schreiben, das heißt, der angegebene Ort und der Titel stimmen, aber alles andere ist fingiert. Ich bin zu diesem Verfahren gezwungen, weil ich aus einem Gebiet schreibe, wo die Demokratische Freiheit nur aus Büchern bekannt ist, wo die braune Diktatur von der roten abgelöst ist, wo die von kommunistischen Polizeipräsidenten willkürlich verhängte*

»Kommandohaft« die Nachfolgerin des Konzentrationslagers geworden ist (Rechtsmittel sind ausgeschlossen), wo der Blockwart der Nazis durch den Hausvertrauensmann der KPD bezw. der SED ersetzt worden ist, der frühere Ortsgruppenleiter ist heute der Bezirksstellenleiter (fast nur KPD), liberale Demokraten und Christliche Demokraten gelten als Reaktionäre, die gehängt werden müssen usw. usw. Wenn also dieser Brief mit richtigem Namen an die falsche Adresse kommt, ist mir der Genickschuss sicher.

Immer mehr Zuschriften waren also ohne Unterschrift. Daher die Idee für den Namen der Sendung. Daher »Briefe ohne Unterschrift«.

Für die Briefe gab es mehrere Sprecher. Meistens zwei Männer und eine Frau.

»Und Tim, der die Briefe kommentierte«, sagte Herr Burkart. »Wir versuchten natürlich, den Sprechern die Briefe von Männern zu geben und den Sprecherinnen die von Frauen. Während des Probelaufs für die Aufnahme wurde oft darüber diskutiert, ob ein Brief von einer Frau oder einem Mann stammte. Wir konnten ja oft nur anhand der Schrift spekulieren, ob der Absender männlich oder weiblich war. Nur manchmal ging es aus einem Brief hervor.

Der Schlusssatz von Tim war immer derselbe: ›Schreiben Sie uns, wo immer Sie sind, was immer Sie auf dem Herzen haben: Briefe ohne Unterschrift‹.

Diesen Satz habe ich wohl siebeneinhalb Jahre lang wöchentlich diktiert und gehört.

Wo«, sagte Herr Burkart, »sind bloß die Sendemanuskripte geblieben?«
Wäre Herr Burkart Mr. Stringer und ich Miss Marple, hätte ich geantwortet: »Diese Frage, Mr. Stringer, beschäftigt auch mich.«

Sieben

Wie Miss Marple bei ihrer treuen Florence hatte ich mich bei einer Bekannten einquartiert. Nur saß ich nicht in einem Sessel und häkelte, sondern an einem alten Bauerntisch und las. Draußen war es dunkel und kühl. Im Zimmer knackte das Holz im Ofen.

Vor mir die Kopien aus Reading, Briefe der 1950er Jahre in Schreibmaschine, in Druckbuchstaben, handgeschrieben, in verstellter Schrift, auf herausgerissenen Seiten von Schulheften, auf Firmenpapier, auf Briefbögen.

Vor wenigen Stunden hatte ich auf einem ländlichen Trödelmarkt noch das gesehen: ein altes Metallschild, leicht angerostet, grün mit schwarzer und roter Aufschrift: Kommt zur NSDAP.

Eine DDR-Fahne, ein übergroßes Bild von Stalin. Einen schwarzen Ledermantel, SS-Gürtelschnallen, Schächtelchen mit Adressen wie Horst-Wessel-Platz. Nur notdürftig, wenn überhaupt, waren die Hakenkreuze und SS-Runen überklebt.

Geschirr. Alte Taschenuhren in einer Vitrine. Die Gravur: Ein Volk, ein Reich, ein Führer.

Zwei Zeitschriften nebeneinander. Auf dem einen Titelbild Hitler vor dem Eiffelturm, auf dem anderen Trenkerberge und eine Heim-ins-Reich-Schlagzeile.

Eine Büste. Unter der Nase vier geklebte neongelbe Punkte. Adolf Hitler. Stahlhelme, Bierkrüge in Schwarz-Weiß-Rot – mit Hakenkreuz.

Ich fragte: »Sagen Sie, dürfen Sie diese Devotionalien verkaufen?« Natürlich, erstens, die Symbole seien abgeklebt. Zweitens, diese Dinge gehörten zur deutschen Geschichte, oder etwa nicht? Drittens, es gebe eine ganz klare Regelung. Er holte einen Zettel hervor: »Der Handel und das Ausstellen ist nicht verboten, wenn das Propagandamittel oder die Handlung der staatsbürgerlichen Aufklärung, der Abwehr verfassungswidriger Bestrebungen, der Kunst oder der Wissenschaft, der Forschung oder der Lehre, der Berichterstattung über Vorgänge des Zeitgeschehens oder der Geschichte oder ähnlichen Zwecken dient. Paragraf 86, Strafgesetzbuch.«

Ein Junge, nicht älter als elf Jahre, trat an den Stand.

»Haben Sie auch SS-Dolche?«

Die ländliche Idylle, trügerisch.

Ich las:

> *Wie Du sicher weißt, ist Erfurt nicht nur eine Blumenstadt, sondern auch eine der 14 Bezirkshauptstädte der sogenannten DDR. In dieser Eigenschaft war es der ehrwürdigen alten Stadt nun heute vergönnt, ein Schauspiel der besonderen Art über sich ergehen zu lassen. Es fand eine große Kampfdemonstration aller Kampfgruppen und der GST des Bezirkes statt. Ich sah mir die Sache also an und konnte mit einigen alten Bekannten ein Wiedersehen feiern. Es begegnete mir nicht nur der Sturmkarabiner 44 und das MG 42, welches schön dekorativ auf die Seitenwagen der VP-Motorräder aufmontiert war, oh, nein, auch meine »Braut« aus der Zeit der Hitlerwehrmacht traf ich wieder. Dieses lose*

Mädchen, sie findet immer wieder Verehrer. Heute traf ich sie in den Armen derer, die sie noch vor nicht allzu langer Zeit verdammten. In den Armen des »Vortrupps der Arbeiterklasse«. Um es kurz zu machen, es war ein erhabenes Bild: Der feste Schritt, die harten Fäuste, der schlichte blaue Schlosseranzug mit der roten Armbinde. Hier marschierte der betagte Familienvater neben dem kaum der Schule entwachsenen Jüngling. Übrigens habe ich etwas in den Zügen der meisten Gesichter dieser Demonstration vermisst: Die wahre, echte Begeisterung. Das Fehlen dieses wichtigen Faktors war nicht das einzige, was mich an Hitlers Volkssturm erinnerte.

Dieser Brief war von 1956.

Ich blätterte in den Herbst desselben Jahres. Ungarischer Volksaufstand. Am 23. Oktober Studenten auf den Straßen von Budapest. Forderten bürgerliche Freiheitsrechte, Parlamentarismus und nationale Unabhängigkeit. Zehntausende Bürger schlossen sich an. Die Demonstrationen weiteten sich in kürzester Zeit über das ganze Land aus. Am 30. Oktober verkündete Imre Nagy, der neue Regierungschef, das Ende der Einparteienherrschaft und die Bildung einer Mehrparteienregierung. Zwei Tage später rief Ungarn seine Neutralität aus und erklärte den Austritt aus dem Warschauer Pakt. Am 4. November rückten sowjetische Panzerverbände in Ungarn ein. Nach zwölf Tagen Hoffnung wurde der Aufstand blutig niedergeschlagen. Über 2500 Menschen starben, mehr als 200 000 Ungarn mussten fliehen.

Was ist nun schlimmer? Wenn auf Frauen und Kinder geschossen wird, oder wenn Funktionäre erhängt werden? Ich für meine Person lehne jeden Angriff auf das Leben wehrloser Menschen ab! Wenn man aber diese Fragen erörtern will, muss man sich vor allem zwei Fragen klar vor Augen führen. Ursache und Wirkung. Das ungarische Volk demonstrierte gegen seine Unterdrücker, worauf diese das Feuer auf die Demonstranten eröffnen ließen. Ist es da ein Wunder, wenn die Massen wütend und verbittert wurden? Wenn sie diese Wut an Funktionären ausließen, die im gewissen Sinne ja doch mittel- oder unmittelbar an diesen Vorkommnissen mitschuldig waren? Wenn ich mir die Erregung und Verbitterung der Massen vergegenwärtige, so kann ich ihre Reaktion vielleicht sogar verstehen, auch wenn ich sie nicht gutheißen kann. Wir, die Unterdrückten, sollten im Kampf um unsere Freiheit keine brutale Gewalt anwenden. Wir wollen doch besser sein als unsere kommunistischen Kerkermeister! Wenn wir einmal das Joch der Knechtschaft abgeworfen haben, dann sollten wir uns nicht von blindem Hass leiten lassen.

Ich erfuhr aber auch von ganz alltäglichen Sorgen. Wie von denen einer Hausfrau:

Frühmorgens, bevor Kind und Mann das Haus verlassen, ist sie schon auf den Beinen, um frische Brötchen zu holen. Es ist zwar nicht viel dran, denn das Mischmehl, aus dem sie bestehen, lässt sie grau und unansehnlich erscheinen,

rasch zäh werden, aber was hilft es? Milch gibt es ohnehin nicht, die gibt es im günstigsten Falle gegen 8 Uhr, u. da sind alle längst auf dem Weg. [...] Dann ist das Frühstück vorbei, u. die Hausfrau versorgt ein krankes Familienmitglied. Sie kocht ihm Tee, so sie ihn zu kaufen bekam. Haferflocken sind auch oft nicht vorhanden. Und wenn, dann sind sie mit Schalen versetzt.
Dann macht sich die Hausfrau zum Einkauf zurecht. Was soll sie mittags auf den Tisch bringen? Zuerst zum Schlächter. Der öffnet ½ 9 seine Pforten. Zögernd geht sie auf den Fleischtisch zu und richtig. Bis auf kleine Stücken Fleisch gähnt er leer ins Frühlicht. [...] Im Gemüseladen das gleiche Bild. Gibt es kein Frischgemüse, greift die geplagte Hausfrau zur Konserve. [...] Alles in weißen Gläsern, den sog. Inkoflaschen.

Was waren Inkoflaschen? Fündig wurde ich online im Archiv der Zeitung »Neues Deutschland«.
»27. 6. 1951
Hilferuf: Zum Einmachen von Bockwürsten als Vorrat zu den Weltfestspielen werden von der HO in großer Anzahl Industrie-Konservengläser gebraucht. Sie wendet sich deshalb mit folgender Bitte an alle Hausfrauen: ›Bringt die alten Inko-Gläser zurück. Ihr dürft ruhig mit einem Handwagen voll kommen. Wir vergüten für jede unbeschädigte Inko-Flasche ohne Deckel 10 Pfennig ...‹«

Briefe über die Versorgungslage und die Lebensbedingungen in der DDR fand ich viele:

Um Dir einmal zu berichten, was Görlitz besonders auszeichnet, wäre zu sagen, dass heute, 10 Jahre nach Kriegsschluss, die teure HO-Butter nur nach stundenlangem Anstehen zu haben ist, dass in den vergangenen Wochen Eier ebenfalls nicht zu haben waren, dass Hülsenfrüchte und Zwiebeln äußerst knapp sind, und, das wird dich nicht wundern: die Stimmung dementsprechend. Überall herrscht Unzufriedenheit, aber nicht nur über die Ernährung!!!
Da Görlitz eine verhältnismäßig alte Stadt ist, sind die Häuser in der Altstadt in der Nähe des bekannten Untermarktes baufällig. Die Bewohner müssen schnellstens umquartiert werden, aber wohin? Die Unfähigkeit des Verwaltungsapparates unter Leitung eines ehemaligen Fleischers, der die getane Arbeit lieber sieht als die zu tuende, erweist sich besonders in der Ausstellung der Zuzugsgenehmigungen. Wahllos, ohne zu überlegen, werden sie ausgestellt, wo die Menschen aber wohnen sollen, das steht in den Sternen geschrieben.

Görlitz. Nicht allzu weit von meiner Landklause.
Mir wurde klar: Ich hatte es nicht mit Papier zu tun, sondern mit Menschen, die zu mir sprachen, nachdem sie über vierzig Jahre im Archiv in Reading stumm zwischen Aktendeckeln gelegen hatten.

Ihr wisst viel, aber was Ihr noch nicht wisst, ist, dass wir eine Straße haben, eine Hauptstraße, die Leipziger Straße, die Verbindungsstraße von Dresden nach Leipzig,

diese Straße steht unter Naturschutz – an der darf nichts geändert werden. Wer diese Straße begehen oder befahren will, möchte sich vorher bei der Lebensversicherung rückversichern. Ein Loch löst das andere ab; Löcher so groß wie Wagenräder. Bei Regen ertrinkt der Fuß bis an die Knöchel.
Was Ihr nicht wisst ist, dass sich unsere öffentlichen Uhren in der Stadt alle selbständig gemacht haben, jede geht anders oder gar nicht. Die vier Zifferblätter der Standuhr auf dem »Thälmannplatz« zeigen seit Monaten 12.03 h. Dafür ist die Uhr aber beleuchtet. Die öffentl. Uhr an der Mehringstraße geht, aber nie genau u. immer abweichend von der Radiozeit. Die Uhr an der »Straße der Befreiung« war in der kapitalistischen Zeit noch beleuchtet, im fortschrittl. Zeitalter nicht mehr.
Was Ihr nicht wisst ist, dass der Bürger am Sonntag und Festtag kein »Bedürfnis« haben darf, denn da sind die Aborte geschlossen.

Was hatte Walter Ulbricht im März 1956 gesagt? »Keine Fehlerdiskussion, Genossen!«
Ich las den Brief eines Bauern unter dem Kennwort *Sächsisches Futtermittelkontor*:

Man wusste ganz genau, dass das Vieh der Bauern in vielen Fällen auf den Steinen lag, oder dass die Bauern durch den langen Winter kein Halm Heu oder für die Schweine keine Kartoffeln oder Getreide mehr zur Verfügung hatten. Trotzdem schämten sich die Antreiber

und Ausbeuter nicht, die Bauern aufzufordern, ihren Sollverpflichtungen nachzukommen. [...]
Zusätzlich Futtermittel erhalten auch nur die LPGs, nur die dann mal ganz scharf gegen den Kreis vorgehen, erhalten paar Zentner Futter als Beruhigungspille.
Die Abteilung Landwirtschaft beim Rat des Kreises ist so dumm, dass die das gar nicht merken oder merken wollen, dass die Produktion der LPGs immer mehr zurückgeht, weil sie das viele Futter, was sie erhalten, gar nicht richtig anwenden und viel vergeuden.
Munter werden nur die Molkereien, denn die merken, dass sie täglich 1000ende von Kannen Milch weniger erhalten.
Aber die LPGs sollen den anderen gegenüber als Vorbild dastehen, aber merken gar nicht, dass dabei die andere Landwirtschaft mit zugrunde geht. [...]

Günter Burkart hatte recht gehabt.
Die Briefe waren aufregende, aufwühlende Lektüre. Ich tauchte ein in die Welt der Schreiber, und zugleich bekam die Geschichte ein neues, ein persönliches Gesicht.
Plötzlich hatte ich dieses Bild vor Augen:
Der Himmel ist wolkenverhangen. Aus den Schornsteinen auf Häuserdächern steigt Rauch. Die Luft riecht nach Braunkohle. Die Häuser sind grau. In Fenstern brennt Licht. In Wohnzimmern, in Küchen. Hinter einem Fenster in einem Wohnzimmer oder einer Küche sitzt jemand und schreibt.

Lieber Londoner Rundfunk,
ich bin schon seit langer Zeit ein ständiger Hörer Deiner Sendungen, am meisten gefallen mir die Sendungen »Im Spiegel der Sowjetzone«, oder »Hinter der Fassade des Kommunismus« und vor allem freitags »Briefe ohne Unterschrift«. Ich habe in Ihren täglichen Sendungen von Anfang bis Ende das Ungarnproblem verfolgt, das Vorgehen in Ungarn muss ja grauenvoll gewesen sein. Da muss ich sogleich an unseren 17. Juni denken, wenn es auch lange nicht so war wie in Ungarn, aber trotzdem habe ich vieles gesehen, was auch grauenvoll war. Nun, lieber Londoner Rundfunk, hätte ich eine Bitte an Dich. Seit langer Zeit sendest Du nicht mehr auf der Kurzwelle 31 x 41 meterband, warum nicht? Ich habe immer Deine Sendung auf 31 x 41 meterband abgehört und sogar sehr gut, nun habe ich nur noch die eine Schanckse und zwar auf K.W 49 meterband. Da habe ich natürlich sehr viele Störungen, so dass man manchmal abschalten muss, weil man es gar nicht aushalten kann. […]
Lieber Londoner Rundfunk, Du weißt nun, was mich am meisten kränkt, bitte mach es möglich, dass man an Deinen Sendungen wieder Freude hat. Es grüßt Dich Dein Friedensfreund 800

War der Verfasser dieses Briefes ein Mann oder eine Frau? Jung oder alt? Der Verfasser muss ein Mann gewesen sein – wegen der technischen Details.
Je mehr Nachdenken, desto mehr verwandelte sich die Schrift der Briefe in Stimmen.

Für Sender London: Aus einer vogtländischen Kleinstadt erreicht uns folgender Brief.

[…] Um die Pfingstzeit las ich in einem Sonderfahrtenprospekt des Deutschen Reisebüros Plauen von einer Autobusreise, die in den rosigsten Farben geschildert wurde. Als touristische Leckerbissen wurden besonders herausgestellt:

1. Eine Fahrt mit dem Fährschiff nach Trelleborg (Schweden)

2. Besuch der Rügenfestspiele

Die Fahrt mit dem Fährschiff, das war der Hauptköder und hat vielen Leuten den Mund wässrig gemacht. Die 12 Tagefahrt 12.–23.8.59 kostete zwar 360,00 DM – ohne Mittag- und Abendessen. Wenn man aber Schweden sehen will, darf man den Groschen nicht ansehen. […] Nun ging die Ostseefahrt los. […] Von Tag zu Tag wurde es nun allen klar, dass wir aus irgendwelchen Gründen nicht mit dem Fährschiff nach Trelleborg fahren konnten. […] Die Fahrt mit dem Fährschiff nach Schweden war von dem Vorsteher des Reisebüros schon ausgebrütet worden und der Prospekt schon gedruckt, als das Fährschiff noch gar nicht fertig war. […] Eine Bestätigung für die Fahrt mit dem Fährschiff hatte man in Plauen gar nicht in den Händen. […] Der 2. Leckerbissen, das waren die Rügenfestspiele vom Seeräuber Klaus Störtebeker. […] Das ganze Spiel hatte mit unserer Fahrt eine gewisse Ähnlichkeit. Wir schienen auch Seeräubern in die Hände gefallen zu sein. Es ist einzusehen, dass in den engen Grenzen der DDR die Reisemöglichkeiten beschränkt sind und man sich wirklich buchstäblich den Kopf zerbrechen muss, um etwas neues auszutüfteln. Hier ein Vorschlag: Nennen Sie doch mal eine Reise »Zum Reinfall«. Wenn es dann nicht zum Bodensee geht, nun, das merken die Leute schon, dass sie reingefallen sind.

Schüler, Rentner, Studenten, Bauern, Lehrer, SEDler, NVA-ler, Hausfrauen, Arbeiter, Akademiker. Frauen und Männer. Aus Leipzig, Dresden, Berlin, dem Harz, Thüringen, Rostock, Greifswald. Aus allen Ecken der DDR. Von Ost nach West. Die Absender konnten nicht mit Sicherheit wissen, ob die Briefe den Empfänger erreichten, sie wussten nicht, ob der Empfänger daraus zitieren, sie vorlesen würde. Sie wussten nur, sie hatten geschrieben. Ich musste nur zuhören.

Acht

Austin Harrison sitzt im siebten Stock des Bush House am Ende von Strand in der City of Westminster. Von dort sendet der European Service. Im siebten Stock ist der Deutsche Dienst in Büros mit altersschwachen Tischen, schweren schwarzen Remington-Schreibmaschinen, knarrenden Stühlen. Engländer, Österreicher, Deutsche. Schriftsteller, Journalisten, Dichter, Rechtsanwälte, Schauspieler, Philosophen, Theaterleute, Lehrer, sogar ein Anthropologe. Viele Exilanten.

Im zweiten Untergeschoss befindet sich ein größeres Studio, in dem auch Fernsehsendungen aufgenommen werden oder Hörspiele. Dort steht ein Flügel.

Es ist Freitagvormittag. Wie immer wird sich gleich ein Sprecher das Manuskript für die Aufnahme abholen. Er wird es sich laut vorlesen. Allein. Im Studio. Am Flügel.

Er geht hin, mit Bleistift und Radiergummi, schreibt Betonungszeichen und macht aus dem Manuskript eine Partitur.

Im Bush House gibt es die gescheitesten, lustigsten und exzentrischsten Leute.

Für all diese Leute gilt: Schweigen ist Feigheit, Anpassung kann zur Beihilfe werden.

Für all diese Leute gilt, mit der Zeit mitzugehen.

Darum lesen Burkart und Harrison nicht nur die Briefe, sie lesen auch täglich das »Neue Deutschland« und DDR-Bezirkszeitungen, die aus Westberlin mitgeliefert werden. Sie lesen vor allem wegen des Jargons. Den müssen

sie kennen, wollen sie verstehen. Den müssen sie kennen, wollen sie sich verständlich machen.
Harrison denkt daran, wie einmal einer der Produzenten Burkart bei einer Aufnahme aufgefordert hatte, die Begriffe LPG Typ I, II und III zu erklären. Er hatte versucht, ihm das auszureden: Jeder Hörer in der DDR wisse Bescheid. Antwort vom Produzenten: »Wenn ich es nicht verstehe, versteht es der Hörer auch nicht!«
Harrison denkt, Wissen wir wirklich, wie den Hörerinnen und Hörern in der DDR zumute ist?
Jemand hatte geschrieben:

> *Sie, lieber Mr. Harrison, machen aber einen Fehler, wenn Sie diese Tatsachen, die unseren Lebensbereich betreffen, oder die Ansichten Ihrer Hörer oftmals korrigieren. Das ist meiner Meinung nach nicht Ihre Aufgabe. Sie haben ja keine Ahnung, wie geschult und hellhörig wir durch das jahrelange Leben in diesem Unrechtsstaat geworden sind, wie wir sie durchschauen, diese Scheinheiligkeit, diese Prahlerei, wo es nichts zu prahlen gibt [...] Sie können das alles nicht so erfassen, wie wir hier, Sie müssten es mindestens ein Jahr lang mitmachen. Wenn wir uns also schon entschließen, unserem Herzen Luft zu machen und dann auf Verständnislosigkeit stoßen, ist das sehr hart.*

Für Harrison bilden die Briefe nicht nur die DDR ab, sondern eine Stimmung, wie sie auch in England zu finden ist, in der Bundesrepublik, in Westberlin. Überall. Die Welt ist bedrohlich. Vietnamkrieg, Biafra-Krieg, Sechstagekrieg. Rassenunruhen in Amerika.

Die Welt ist gespalten. In Schwarz und Weiß. In Ost und West, in Militaristen und Pazifisten, in Kommunisten und Antikommunisten, in Kalte Krieger und die, die eine Annäherung wollen. In Pro und Kontra.

Harrison faszinieren die jungen Rebellen mit Blumen im Haar, Summer of Love.

Harrison fasziniert die Musik, die Literatur, die Kunst. The Kinks, The Rolling Stones, Bob Dylan. Minirock und Twiggy. Seamus Heaney, Op Art und Pop Art. Psychedelic. Was auch immer das heißen mag.

Viel zu viele junge Menschen haben diese Freiheiten nicht.

Harrison liest:

> *Am 7. Oktober 1969 wurde bei uns der 20. Jahrestag der Gründung der DDR gefeiert. Irgendwie ist nach Ostberlin das Gerücht durchgedrungen »The Stones treten im Springer Haus auf«. Also nichts wie hin zum Spittelmarkt. Schon am S-Bahnhof Jannowitzbrücke wurden wir von »Freunden und Helfern« (sprich Polizei) aufgehalten. Wir gelangten schließlich doch zum Spittelmarkt. Dort warteten wir einige Stunden. Aber wer kam nicht, das waren die Stones. Aus den Gesprächen, die dort geführt wurden, konnte man entnehmen, dass viele nicht an den Auftritt glaubten. Ich auch nicht. Aber wir blieben dort. Wir wollten das Verhalten der Polizei beobachten. Erst fingen sie an, uns vom Rasen zu treiben. Dann rückten sie uns immer enger zusammen, so dass wir uns noch in Richtung S-Bahnhof Jannowitzbrücke bewegen konnten. […] Sie trieben uns dann in drei*

Gruppen auseinander. [...] Frage: War es dumm von uns, durch die Gegend zu rennen und Worte wie Dubček, Ho Chi Min, Freiheit oder sonst was zu rufen? [...]

Er liest auch:

Ich möchte mich mit drei Fragen an Dich wenden und bitte Sie, mir durch die Sendung »Briefe ohne Unterschrift« zu antworten. Erste Frage: a) Ist es wahr, dass unsere Volkskammer ein Gesetz verabschiedet hat, das das Mitnehmen eines Kofferradios, bei Hören von westlichen Sendern auf der Straße, verbietet? b) gleichzeitig wird das Tragen von langen Haaren verboten. Zweite Frage: Gibt es bei uns in der DDR irgendeine Möglichkeit, sich Karl-May-Bücher zu verschaffen? [...] Dritte Frage: Bekommt man, wenn man an Sender schreibt, die man auf der Kurzwelle gehört hat, QSL-Karten?

Dieser Brief erreicht Harrison nicht:

[...] In Deiner gestrigen-heutigen Sendung kam noch das Problem zur Sprache, dass viele junge Menschen in die SED eintreten, halb ohne zu wissen, warum. (Brief aus Leipzig) Das liegt natürlich zum größten Teil an der dauernden ideologischen Beeinflussung. Darum geht es mir. Der Westen führt den Kampf, und Kampf ist es!, um unsere Jugend zu wenig. [...] Was die Jugend als erstes an die »Freie Welt« fesselt, ist bekanntlich die Musik, vom Rundfunkprogramm aus gesehen. In unbekanntem Maße wird DT 64 gehört. [...] DT 64 wurde auch im 11. Plenum

kritisiert. Ist es nicht möglich, einen ähnlichen Sender in der DBR aufzubauen. Vielleicht vom Bundesjugendring organisiert in Verbindung mit »Bravo«-Zeitung [...] Ideal wäre natürlich eine Kooperation für diese Sendung, oben genannter meistgehörter Sender. Vielleicht »Europastudio der Jugend« genannt oder so ähnlich. Da gibt es doch so viel zu berichten. Z.B.: Teenagerfestivals, Filmfestivals, Automobilmessen. Touristik, Bundeswehr, Sport usw. – Ich würde als Ostreporter mitmachen, ohne weiteres. [...] Es grüßt – 007

Dieser Brief wurde abgefangen.

Kurz vor Weihnachten liest Harrison:

Uns Jugendliche bewegt oft die Frage: ob wir auch einmal wie die westliche Jugend leben können und nicht wie es die Russen wollen. Man hindert uns am Hören der Sender, die die Wahrheit über die andere Welt vermitteln. Aber wir suchen uns unseren Weg und lassen uns nicht von den Russen kommandieren. Z. B. in der Musik bietet man uns Lieder, die nicht mehr unserer Zeit entsprechen. Die moderne Musik lässt man uns nicht hören. Auch das lassen wir uns nicht gefallen. Spielen Sie bitte in einer nächsten Sendung mein Lieblingslied von den Beatles. »Hello Good-bye«. [...] Ich schreibe diesen Brief gerade zur Weihnachtszeit, da ich jetzt an die Jugend in den anderen Ländern denke.

Harrison lebt mit in der Welt derjenigen, für die gilt: Wenn es keine Äpfel gibt, isst man eben Feinfrost, trinkt man eben Saft, isst man eben Vitamintabletten. Man hat sein Auskommen und geht nicht hungrig zu Bett. Aber das Lavieren, das Abwägen, das ständige Beschwichtigen von Dingen, die man als falsch erkannt hat. Das Immer-auf-der-Hut-sein.

[...] Am 12.9. begann das neue Semester mit Kampfappell und Kampfliedern. Die ersten acht Tage wurden für gesellschaftliche Seminare genutzt. [...] Gleich am 2. Tag wurde von jedem Studenten eine Bereitschaftserklärung verlangt. [...] Hier der vordiktierte Text: »Hiermit erkläre ich mich sofort und bedingungslos bereit, mein Studium zu unterbrechen, wenn Partei und Regierung es für nötig halten, und in die Reihen der Volksarmee (Mädchen in die Produktion) zu gehen.« Außerdem mussten wir alle den Kampfappell der FDJ mitunterschreiben (keine westlichen Sender zu hören und zu sehen, keine Pässe nach dem westlichen Ausland zu beantragen und nicht nach Ost-Berlin zu fahren. Ein anderes Beispiel für die »Freiheit« in der Ostzone: Vor Beginn der Herbstmesse 1961 wurde das sozialistische Studentenkabarett »Rat der Spötter« aufgelöst und einige Mitglieder verhaftet. Das Kabarett, das im Frühjahr in Marburg gastierte, hatte ein neues Programm einstudiert, in dem Ulbricht mit einem mittelalterlichen Knecht und die Volkskammer mit einem müden Haufen, der nur einmal auf Befehl die Stimmhand erhebt, verglichen wurde. Nach der ideologischen Ausrichtung transportierte man alle Studenten außer den Examenssemestern aufs Land zum

Kartoffelroden, um die Ernte zu retten. Die Studenten, die nicht bedingungslos mitmachten, wurden exmatrikuliert.

Dass die Briefe überhaupt durchkommen!

Für DDR-Bürger werden ständig wechselnde Deckadressen bekanntgegeben, die fast alle im britischen Sektor von Westberlin (Berlin 12, 15, 30, 31, 52) liegen und wie die Überprüfungen ergeben haben, in Wirklichkeit nicht existent sind. Es müssen also Vereinbarungen der BBC mit den entsprechenden Postämtern bestehen, die die Zuleitung der an die erfundenen Anschriften gerichteten Hörerbriefe an das Berliner Büro der BBC garantieren.

Hinweis an den Stasifritzen, wenn er den Brief auffängt: Der fingierte Absender auf dem Umschlag ist aus einer Anzeige der Freiheit entnommen, macht ihn nicht verantwortlich. Ich versage mir den Spaß, so einen recht fetten Staatsfunktionär mal ein bisschen in die Tinte zu reiten. Denn untereinander traut Ihr Euch selbst nicht über den Weg. Natürlich bin ich neugierig, ob dieses Schreiben ankommt und bitte in diesem Falle um Bestätigung, dann würde es sich ja lohnen, es öfter über Eure angegebene Anschrift zu versuchen.

Einer schreibt:

Diese »Briefe ohne Unterschrift«, kriegen Sie die wirklich alle? Wie gehen denn die durch?
Ich weiß, Sie haben Deckadressen, aber das wissen doch die Postämter hier auch. Ich wünschte, das würde mal wieder richtig erklärt werden.

Wie die Zuschriften aus dem Osten, wenn sie nicht abgefangen wurden, die BBC erreichten, hat Harrison Burkart erklärt.
Die Adressen sind Brachen oder Trümmergrundstücke in Westberlin, oder die Hausnummer wird falsch angegeben. Die Briefe werden in Postfächern in Westberliner Postämtern gesammelt, die diese fingierten Adressen kennen und die Briefe an das Büro der BBC weiterleiten. Ganz einfach.
Sendet die Sendung am Freitag, hatte ein aus der DDR geflüchteter Postbeamter empfohlen, dann kann die Stasi die Adressen zwar hören, aber bis die Information »folgende Adressen sind aufzuhalten« die zuständigen Bezirkspostämter per Rundschreiben erreicht, das dauert. Es liegt das Wochenende dazwischen.
Darum kommen Anfang der Woche stets mehr Briefe als gegen Ende der Woche.

Harrison und seine Kollegen wissen, dass viele Briefe geöffnet werden, und sie wissen um die Gefahr für die Schreiber, die auch Zeitungsartikel schicken. Wie diesen aus den frühen Sechzigerjahren aus einer sächsischen Zeitung:

»Auf der Anklagebank des Bezirksgericht Dresden: Kurt und Käthe Willig, ein älteres kinderloses Ehepaar. [...] Es ging ihnen gut in unserem Staat. Wie sie dafür dankten, fördert der Prozess zutage. Oberrichter Lange zitiert aus einem der vielen Beweismittel: ›Es war der dritte Tag hintereinander, da meine Frau auf meine Frühstücksschnitten Apfelmus an Stelle von Butter strich.‹ [...] Der zitierte Satz stammt aus einem von 40 Briefen, die Willig, unterstützt von seiner Ehefrau, in den letzten Jahren an den Londoner Hetzsender BBC schickte. [...]
In einem seiner Hetzbriefe, die von den BBC-Agenten für so gut befunden wurden, dass sie in der Regel im Wortlaut über den Äther gingen, ließ Willig die Katze aus dem Sack und gab Aufschluss über seine verbrecherischen Absichten. Er schilderte einen Besuch im Agentendschungel Westberlin und auf die Frage seiner Frau, wie es war: ›Ich sagte nur ein einziges Wort: schön. Darin liegt so viel Wissen um das Ziel.‹«
Seit 1956, so stand es in dem Artikel, hörten Kurt Willig und seine Frau die »deutschsprachigen Verleumdungskanonaden des Hetzsenders BBC« und schrieben »den Londoner Gesinnungsfreunden« regelmäßig.
»In welcher Weise er das tat, dafür ein weiteres Beispiel: Die umfangreiche Speisekarte des Dresdner Altmarktkellers sah in seinen ›Briefen ohne Unterschrift‹ so aus: ›Ich esse gerne süßsaure Flecke. Da dieses Gericht auf der Speisekarte steht, bestelle ich eine Portion. Das einzige, was von diesem Gericht noch vorhanden ist, ist das süßsaure Lächeln des Kellners.‹ [...] Kurt Willig ist kein Irregeführter.

Bei ihm handelt es sich um einen geschworenen Feind jedes Fortschritts, der aus freien Stücken den Gegnern des Friedens seine Dienste antrug. Sein Weg führte vom faschistischen Wehrwolfsmann zum BBC-Agenten und von da geradewegs ins Zuchthaus. Dort wird er die nächsten siebeneinhalb Jahre Gelegenheit haben zu begreifen, dass unsere Arbeiter- und Bauernmacht tausendfachen Mord an der Wahrheit, der ein Mittel der psychologischen Kriegsführung ist, nicht ungestraft lässt. Seine Frau ist mit zwei Jahren gut davongekommen.«

Neun

Gutachten vom 19. Oktober 1966
Über Speichelspuren an Briefumschlägen
Vergleichsmaterial:
1. Frischblut des Beschuldigten
2. Speichelspuren des Beschuldigten
Ziel der Begutachtung:
1. Lassen sich an den Klebeflächen der oberen Umschlagklappe und an den Briefmarken Blutgruppensubstanzen nachweisen?
2. Welche Blutgruppe besitzt der Beschuldigte?
3. Stimmen die Ergebnisse der Blutgruppenbestimmungen des Tatmaterials mit denen des Vergleichsmaterials überein?
Begutachtung:
Die Klebeflächen der oberen Umschlagklappen sowie die Briefmarken der Tatbriefe wurden im Absorbtionsversuch auf Blutgruppensubstanzen untersucht. Dabei zeigte sich unter Berücksichtigung entsprechender Kontrollversuche in allen Fällen gegen A2 Blutkörperchen eine starke Hemmung des Testserums B (Anti-A). Das bedeutet, dass die Tatbriefe von einem A-Sekretor mit Speichel befeuchtet worden sind. Möglicherweise kann es sich dabei

sogar um einen A2-Blutgruppenträger handeln.
Im Frischblut des Beschuldigten konnte die Gruppe A2 nachgewiesen werden.
Die Gruppenbestimmung in den Speichelspuren des Beschuldigten ergab im Absorbtionsversuch ebenfalls eine starke Hemmung des Testserums B (Anti-A) gegen A2-Blutkörperchen. Der Beschuldigte gehört demnach zu den A-Sekretoren.
Die Blutgruppenbestimmung ergab folgedessen im Tat- und Vergleichsmaterial gleiche Resultate.
Der Beschuldigte kommt demnach als Speichelspurenverursacher an den Tatbriefen in Frage.

Der »Beschuldigte« war ein Invalidenrentner aus Leipzig. Er schrieb Briefe, vor allem an die »Leipziger Volkszeitung«, aber auch an Adressen in Westberlin. Die Stasi legte einen »Operativen Vorgang« an: »Reporter«. Ende Juni hatte die Abteilung M, zuständig für Postkontrolle, einen Brief an eine Westberliner Deckadresse festgestellt, sicher ebenfalls vom Täter des Op.-VG. „Reporter“.
Zunächst hatte die Stasi als Absender der Briefe nicht den Invalidenrentner in Verdacht, sondern einen anderen Mann. Der erwies sich jedoch als unschuldig, da er sich zum Zeitpunkt, an dem mehrere Briefe abgesendet

wurden (Poststempel), im Urlaub befand, also gar nicht in Leipzig war.
Dann, am 27. Juli 1966 wurde durch die Abt. M ein Brief an die Deckadresse des BBC aus der Sendung BoU übergeben, welcher offensichtlich von dem Schreiber aus dem OP-Vorgang „Reporter“ geschrieben wurde.
In diesem Brief lasen die Schnüffler von den Arbeitsbedingungen in der Wäscherei der Universitäts-Kinderklinik. Das konnte der Verfasser nur wissen, wenn er selbst dort arbeitete, oder nur von jemandem, der dort arbeitete. Männer des Staatssicherheitsdienstes suchten das Krankenhaus auf und führten ein Gespräch mit dem Genossen Scheibe, dem Verwaltungsleiter der Kinderklinik. Die Aussprache erbrachte den Hinweis auf den Ehemann der Wäscherin Hantke, den Invalidenrentner Theodor Hantke.
Genosse Scheibe übergab noch ein Schreiben von Theodor Hantke. Die Stasi ließ die Schrift mit der in den abgefangenen Briefen vergleichen.
Theodor Hantke wurde verhaftet.
Um auf Nummer sicher zu gehen, wurden mit einem Kugelschreiber, der bei dem Verhafteten während der Hausdurchsuchung gefunden worden war, erneut Vergleichsschriften angefertigt.
Zuerst wurde ein visueller Vergleich
der Schriftsubstanzen bei Tageslicht
durchgeführt. Weiterhin wurde der
Ladungscharakter der Farbstoffe mit einem

Konstantgleichrichter KG 400/0.2 a bei 350 V geprüft. Durch die Tüpfelanalyse wurde das chemische Verhalten gegenüber verschiedenen Säuren und Laugen sowie gegen Oxydations- und Reduktionsmittel geprüft. Außerdem wurde eine Papierchromatographische Vergleichsuntersuchung durchgeführt[...] Übereinstimmung zwischen der Schriftsubstanz des Vergleichskugelschreibers wurde mit den Schriftsubstanzen folgender Briefe und Umschläge festgestellt:

24.6.66
Ich bin ständiger Hörer. Ich will mein Herz auch mal ausschütten. Ich rufe allen Hörern in der Ostzone, der so genannten DDR, zu: Dieses Regime ist uns wehrlosen Menschen aufgezwungen worden! Ich habe 4 Jahre i. KZ b. Adolf gesessen wegen dieser Leute, jetzt sehe ich, ihr seid für immer wie die Faschisten. Als alter Kommunist habe ich ihnen den Rücken gedreht.

Leipz. 13.7.66
Im Namen aller Deutschen i.d. Ostzone! Von uns Rentnern wende ich mich an den Londoner Rundfunk! Im Auftrage aller, zwei Weltkriege haben wir schon hinter uns, wie soll es mit uns D. noch weiter gehen. Helft uns ihr Westlichen Siegermächte, dass wir endlich aus d. KZ der SED befreit werden, sonst gehen wir alle vor die Hunde, helft uns ein Vereintes D. zu

schaffen. Sonst werden wir noch selber erschossen, man getraut sich kein Wort mehr zu sagen …

25.7.66
Hier ist Karl-Marx-Universität der Medizinischen Fakultät 701 Leipzig, Liebigstr. 20, Kinderklinik, Wäscherei Oststr. 20 Leipzig. Wir Frauen möchten uns auch einmal melden. Wie es bei uns ist. Man könnte Tränen weinen, es heißt immer, der erste deutsche Arbeiter- u. Bauernstaat. Es soll kein Arbeiter vom anderen durch den anderen ausgebeutet werden, jawohl. Ausgebeutet werden! Wir werden sogar noch angetrieben zur Arbeit. Wer nicht mehr kann, die Kräfte lassen nach, heißt es, will nicht, u. wird dann sogar noch eine Lohntüte herabgesetzt. Es ist recht bemerkt, dass jeder Mensch bemüht ist, sein Leben besser zu gestalten, um leben zu können, u. ein bisschen mehr verdienen kann. Aber leider, hier ist es nicht der Fall, man wird sogar Faulenzer genannt!

Gern würde ich Harrison erzählen, was ich noch herausgefunden habe.
Mister Jones werde ich es erzählen.
Und Herrn Burkart.
Anhand des Poststempels, Poststellen hatten eigene Poststempel, konnte das zuständige Postamt ermittelt werden und der entsprechende Leerungsbezirk.
Sobald der Leerungsbezirk ermittelt war, konnte festgestellt werden, wie viele Briefkästen es in einem Bezirk gab und wo.

Die Briefkastenentleerungen wurden bei den Postämtern erfragt, um die Tatzeit einzuschränken und zu konkretisieren.
Durch Untersuchung von Speichelproben und Handschriften wurde festgestellt, ob alle Briefe von ein und derselben Person stammten. Bei der Speichelanalyse wurde gleichzeitig eine Blutgruppenbestimmung vorgenommen.
Blutgruppenbestimmungen dienten dazu, Abgleiche in Krankenhäusern oder Arztpraxen zu machen.
So erbat die Stasi, wenn sie jemanden im Visier und herausgefunden hatte, dass dieser in einem Krankenhaus gewesen war, vom Krankenhaus oder Hausarzt Befunde über Blutabnahmen.
So nagelten sie Theodor Hantke fest.
Bei seiner Festnahme war er dreiundsechzig Jahre alt.
Er hatte insgesamt fünf Briefe an den Londoner Rundfunk geschrieben.

Seine Frau sagte im Verhör:
Anfang 1966 wurde nach dem Erzählen meines Mannes in der BBC-Sendung ‚Briefe ohne Unterschrift‘ ein Brief verlesen, welcher auf Trauerrandpapier geschrieben worden war, wozu der Briefschreiber aus Dresden erklärte, dass er dieses Papier aus Sicherheitsgründen verwendet habe, um ein etwaiges Brieföffnen aus Pietätsgründen zu verhindern.
Daraufhin beauftragte mich mein Ehemann,

Briefpapier mit Trauerrand zu besorgen, um damit eine sichere Briefübersendung zu gewährleisten.
Ich habe etliche solche Umschläge gefunden.

Theodor Hantke wurde am 16. Februar 1967 angeklagt.
In der Anklageschrift stand: ...klage ich an, fortgesetzt und in Tateinheit handelnd, durch Sammlung und Übermittlung von Nachrichten sowie Hetze, die politischen und ökonomischen Grundlagen der Deutschen Demokratischen Republik angegriffen zu haben. Er hat systematisch die subversive Tätigkeit der Redaktion des Londoner Rundfunks ‚Briefe ohne Unterschrift' unterstützt, Funktionäre unseres Staates von ihren Aufgaben abgehalten sowie Bürger der DDR und Westdeutschlands für die Beseitigung der sozialistischen Verhältnisse in der DDR aufgehetzt.
Weil er an offener TBC litt, lag er zu diesem Zeitpunkt in einem Haftkrankenhaus.
Er wurde verurteilt.
Er kam nach Waldheim.
Die Umerziehung des bereits 64-jährigen Angeklagten wird schwierig sein, zumal der Angeklagte noch an einer offenen TBC leidet und dadurch kollektive Erziehungsmaßnahmen kaum möglich sein werden.

Zehn

Werte Herren Meinungsmacher,
[...] Ich wiederhole meine Meinung vom letzten mal: Die Mauer ist gut, und wer sie durchbrechen will, der hat ein schlechtes Gewissen. Das könnte Ihnen so passen, schnell mal ein kleines Verbrechen bei uns, dann ab in den Westen. Wer bei uns wohnt, die Vorzüge des Staates nutzt, der hat auch hierzubleiben. Der Schwindel, man könne es hier nicht aushalten, ist heute zu durchsichtig. Wer nach drüben will, der kann es als Rentner, aber auf unsere Kosten leben, auf unseren Vorzügen dick werden, dann aber ab marsch, nein, da hört der Spaß auf. Dann muss man sich eben vor seiner Geburt die Eltern aussuchen, die im Westen wohnen, denn Ihre ganz schlauen Besserwisser vermögen doch so allerhand an Kopfsprüngen und salti mortali. [...] Ich bin voll für unseren Staat, ich möchte in keinem anderen leben. [...] Einem Feind unserer Ordnung muss man eben eins aufs Mundwerk geben, das ist überall üblich, bei uns vielleicht etwas strenger.

Harrison verschwieg solche Briefe nicht.
Auch nicht den von *Bücherfreund:*

Gestatten Sie mir, einige Worte zu Ihren Sendungen. Sie bekommen Zuschriften aus der DDR (ich schreibe

nicht SBZ, denn unser Staat existiert, ob Sie es nun anerkennen oder nicht, und ohne Verhandlung mit der Regierung dieses Staates wird es keine Wiedervereinigung Deutschland geben, woran Sie ja auch gar nicht interessiert sind), in denen es heißt, hier lebten die Menschen in Not, Hunger, Sorge und was weiß ich alles. Das ist erlogen und erdacht wie die Bibel. Wer bei uns arbeitet, der lebt auch anständig. Die, die heute über die DDR klagen und meckern, die würden auch im Kapitalismus dem Anarchismus frönen oder würden überzeugte Kommunisten sein.
Ich bin nicht mit allem einverstanden, was bei uns gemacht wird. Ich meckere aber nicht, ich kritisiere, ich zeige Wege zur Verbesserung. Sozialismus ist Erfüllung der Wünsche und Träume der Menschheit, Sozialismus ist Wohlstand, Glück, Zufriedenheit, Sicherheit.
Ihre Taktik ist die stille Lüge im großen Stil, die bewusste Volksverdummung. Würden Sie stets die Wahrheit sagen, würde ich sie gewiss anerkennen.

Harrison machte sich an dem Tag, an dem dieser Brief ihn erreichte, es war der 5. Oktober 1963, Notizen für seinen Kommentar. Auf Englisch, hastig, das sah ich, um die Gedanken nicht zu verlieren. In der eigenen Sprache gelingt das besser als in der fremden. Erst am Ende ging er zum Deutschen über: »Wenn Sie doch noch Bücher lesen, lieber Bücherfreund, werden Sie mit der Zeit erfahren, dass, wie man es anstellt: es gibt nur eine endgültige Wahrheit, nämlich, dass es keine endgültige Wahrheit in dieser Welt gibt.«

Der Brief von *Bücherfreund* wurde verlesen.

Es kamen Erwiderungen von Hörern.

Auch diese wurden gesendet.

So entstand, und nicht zum einzigen Mal, eine hitzige Debatte zwischen Leuten, ohne, dass sie sich kannten, ohne dass sie sich sahen; kontroverse Gespräche, im Schutz der Anonymität.

Wahrscheinlich gehöre ich zu den Hörern, die den Londoner Rundfunk am längsten mithören. Als wir noch am Ostseestrand wohnten, freuten wir uns jeden Abend auf die Stimme Lindley Frasers, denn wir erkannten in ihm eher einen Freund der Deutschen als einen englischen Feind. Wie vorsichtig mussten wir mit dem Empfang der BBC sein, denn wir waren wie heute von lauter Spitzeln umgeben. Leider kann ich nicht regelmäßig BBC empfangen, [...] aber der Brief von Bücherfreund, den Sie letzten Freitag verlasen, den hörte ich zufällig. Ich bin entsetzt, dass sich solche Idioten an Sie wenden. Dieser arme Irre will seine atheistischen, eingehämmerten Dogmen als Lebensauffassung anderen mitteilen. Sehen Sie, das ist die Sorte Menschen, mit denen man es ab und an hier zu tun hat. Sie himmeln alles an, was Chruschtschow sagt, sie verherrlichen die wahnwitzigen Theorien eines Ulbricht, Schnitzler oder Norden Diese Sorte glaubt solchen Blödsinn. [...]

Die Antwort von *Bücherfreund:*

Da mein Pamphlet die Gemüter mehr oder weniger erhitzt hat und »Bücherfreund« zu einem Begriff geworden ist, erlaube ich mir, Ihnen noch einmal einige Zeilen zukommen zu lassen, die aber in erster Beziehung nicht an Sie speziell, sondern an die Erwiderungen verschiedener Bürger der DDR gerichtet sein sollen. […] Nun noch einige Worte an unsere Hörer zur Wahl am 20. Oktober.

Er schrieb tatsächlich »unsere Hörer«!

Es gebe *[…] keine Wahlpflicht, sondern nur ein Wahlrecht. Aber das scheinen selbst unsere Gegner in unserer Republik nicht zu wissen. Nun frage ich Sie: Was haben jene getan, die in unzähligen Briefen Klage führen, von Wahlbetrug schreiben, von Hunger Not und Entbehrung? Diese Leute, Waschlappen unserer Gesellschaftsordnung, nicht unbedingt notwendig, aber vorhanden, gingen wie die Hammel zur Schlachtbank. Sie traten vor die Urne und wählten. So befürchten sie also Repressalien? Und was kann geschehen, ihnen, die ja keine leitenden Funktionen innehaben? Einsperren? Aber nicht wegen eines Bleistiftstrichs! Angst um die Existenz? Ja, als was existieren sie denn? Als Drückeberger am Euter der Gesellschaft? Dann ist ihre Meinung nicht mehr wert als ihr Rückgrat, dann sind jene das, als was ich sie bezeichne.*

Aber im verschlossenen Kämmerchen bei leiser, erbaulicher Londoner Rundfunkmusik zeigen sie ihre geistigen

Qualitäten, da strotzt ihr rationaler Bizeps vor politisch-dilettantischen Salti mortali.

Darauf erneut Reaktionen von Hörern.

[...] Bücherfreund kann überzeugt sein, der größte Teil der Zonenbevölkerung sind solche Waschlappen wie ich. Wie gern würden wir offen unserer Meinung sagen, es wäre uns leichter ums Herz. Darum beneiden wir die westlichen Völker. Aber dann würden hier die Zuchthäuser nicht ausreichen, so schnell könnte man keine neuen bauen. Ja wir sind so feige, weil wir das letzte bisschen Freiheit behalten wollen, was uns geblieben ist. Darum würden wir auch gerne Ulbrichts Paradies verlassen. Wir sind es ja gar nicht wert, in solch einem vorbildlichen Staat zu leben.

Und:

Ich war Mitglied des Wahlausschusses [...] Und hätte ein Wähler es gewagt, den Zettel anzureißen, wäre es beim Einwurf des Wahlzettels sofort bemerkt worden. Will Bücherfreund das in Abrede stellen? [...] Es gibt nur eine Formel für dieses Halunkensystem: so dumm wie die Partei. Oder anders ausgedrückt: Wer nicht arbeiten will oder nichts gelernt hat, genießt die Vorzüge der Partei.

Aber der Mitläufer wird nicht nur zum notorischen Lügner, sondern zum Handlanger – der roten Henker.

Austin Harrison und die Briefeschreiber. Als säßen sie im Studio an einem Tisch.
Austin Harrison – der Moderator.
Seine Gäste hatten das Wort.
Es war ihre Sendung, zu der sie mit ihren Briefen die Drehbücher schrieben.

Elf

Wenn ich etwas finden will, suche ich. So lange, bis ich es gefunden habe.
Herrn Burkart, auch wenn er nicht Mr. Stringer ist, werde ich, obwohl ich nicht Miss Marple bin, sagen: Ich habe sie, die Sendemanuskripte! Zumindest Ausschnitte. Mitschriften von gewissenhaften Mitarbeitern des Staatssicherheitsdienstes.
Sie saßen freitagabends 20.15 Uhr vor einem Radio.
Ich las.
20.15 h, 7. 8. 1964.
Sie hörten.
‚Briefe ohne Unterschrift‘ erreichen uns über die folgenden Adressen:
Walter Graf, Berlin 19, Eichenallee 26.
Oder, wenn es Ihnen lieber ist, so schreiben Sie an irgendeinen erfundenen Namen unter folgender Adresse. Berlin 30, Fachnummer 70.
Zuerst nun also ‚Briefe ohne Unterschrift‘, kommentiert von Austin Harrison:
Wir möchten Ihnen danken für die Veröffentlichung unseres Briefes am 26. Juni 1964 und gleichzeitig daran anknüpfen. Wir möchten vorweg noch bemerken, dass wir jederzeit Kritik vertragen und wir nichts übelnehmen.

Moment, diesen Satz hatte ich schon einmal gelesen. In einem Brief.
Ich suchte, bis ich ihn gefunden hatte, von einem *Luther-Sickingen-Hutten.*

20. Juli 1964. Sehr geehrter Mr. A. H., sehr geehrte Mitarbeiter,
Wir möchten Ihnen danken für die Veröffentlichung unseres Briefes am 26. Juni 1964 und gleichzeitig daran anknüpfen. Wir möchten vorweg noch bemerken, dass wir jederzeit Kritik vertragen und wir nichts übelnehmen.

Ich legte den Brief neben die Mitschrift des Stasimannes. Kein Wort war ihm entgangen.
Wer diskutieren will, muss Kritik vertragen können. Die Diskussion soll doch schließlich dazu beitragen, dass man aus den Meinungsverschiedenheiten Erkenntnisse gewinnt, die für uns alle zum Guten führen sollen. Das nur zur Klarstellung, da Sie sagten, dass wir Ihnen Ihren Standpunkt übelnehmen könnten. Sie sagten, u. a., dass zur Umerziehung u. U. Jahre notwendig wären und gaben das Beispiel Südafrika. Wir entnehmen daraus, dass man wahrscheinlich in England der Auffassung ist, dass bis zur Wiedervereinigung Deutschlands weitere 20 Jahre vergehen könnten, da dann erst die Umerziehung der Bevölkerung vollzogen sein würde.

Der eifrige Stasimann hatte auch Harrisons Kommentar notiert:

Darf ich hier unterbrechen? Ich
glaube, weder meine Ansicht, noch die
Ansicht irgendeines Engländers über die
Aussichten der Wiedervereinigung sind
so ausschlaggebend als die Tatsache,
dass es die Sowjetunion ist, welche die
Wiedervereinigung Deutschlands verhindert.
Es hängt also nur von der Sowjetunion ab,
ob die Wiedervereinigung verwirklicht wird,
oder nicht. Der vor kurzem abgeschlossene
Vertrag zwischen Moskau und Pankow mit
einer Laufzeit von 20 Jahren bedeutet doch
ganz klar, dass die Russen gar nicht an
die Wiedervereinigung Deutschlands denken.
Und dieser Vertrag kann nach Ablauf der 20
Jahre erneuert werden. Mit anderen Worten,
es handelt sich hier, wenn Sie wollen, eher
um die Umerziehung der Führer im Kreml, und
davon hängt es in erster Linie ab, ob eine
Wiedervereinigung Deutschlands vor Ablauf
dieser 20 Jahre möglich wird.
Nun zurück zum Hörerbrief:
Sie halten entgegen, dass wir zu scharf die
indifferente Haltung der Intelligenz der SBZ
beurteilen. Wir möchten hiermit folgende
Frage an Sie richten: Wenn Sie nicht von der
Richtigkeit der Politik Ihrer Partei und

Regierung überzeugt sind, würden Sie dann auf die Dauer in steter Untertänigkeit alles tun, was von Ihnen gefordert wird? Würden Sie stets gegen Ihr Gewissen handeln, nur um des Stuhles willen, auf dem Sie sitzen. Hier tun diese Leute das aber; denn sie besitzen keine Moral. Diese Menschen haben seit 1933 nichts gelernt. Es lohnt sich nicht, dass sich die freien Völker für die SBZ-Bewohner einsetzen. Am 19. Juli sagte ein Sprecher der Bundesrepublik in einem Rundtischgespräch u. a. ›Hoffentlich erleben unsere Kinder die Wiedervereinigung.‹ Darauf antwortete ein englischer Journalist sehr spontan ›Ihr Deutschen habt keinen Charakter, sonst sähe es anders aus.‹ Der gute Mann hatte völlig recht mit seiner Behauptung. Wollen Sie vielleicht behaupten, dass die Erzieher in der SBZ Moral besitzen, wenn sie den Kindern einreden, dass im Westen unsere Feinde sitzen? Hier gibt es nur Kollektivschuld […]

Austin Harrisons Antwort:
Gehen wir weiter davon aus, dass man aus den Meinungsverschiedenheiten einer Diskussion Erkenntnisse gewinnen kann. Auch darin bin ich mit Ihnen einverstanden. Voraussetzung wäre allerdings, dass man

einander wirklich verstehen will. Darum möchte ich es noch einmal versuchen. Sie fragen mich, ob ich vielleicht behaupten will, dass alle Erzieher in der SBZ Moral besitzen, wenn sie den Kindern einreden, dass im Westen ihre Feinde sitzen. Das habe ich natürlich nicht behauptet, und daher könnten Sie sich, finde ich, eigentlich vorstellen, dass ich es auch nicht behaupten will. Die wirkliche Meinungsverschiedenheit zwischen Ihnen und mir liegt nämlich in dem Problem der Verallgemeinerung, der Verurteilung eines bestimmten Volkes oder einer bestimmten Klasse in Bausch und Bogen. Und der Kernsatz ist der folgende Satz Ihres Briefes: ‚Hier gibt es nur Kollektivschuld.' Das lehne ich nämlich grundsätzlich ab; denn ich weiß – und Sie müssen mir glauben –, dass es auch unter den Erziehern des SED-Staates Menschen gibt, die Moral besitzen.

Ich werde Herrn Burkart sagen, dass ich noch ein weiteres Sendemanuskript gefunden habe. Von einer jüngeren Sendung.

Ich las: 20. 25 h, 8. 9. 66

Und nun kommentiert O. Harryson (ph) ‚Briefe ohne Unterschrift'. […]

Zuerst wurde ein Brief verlesen:

Die Unzufriedenheit in der Ostzone, ja sehen Sie, darüber bin ich noch nicht gestolpert. Als guter Deutscher muss man alles wissen. Ich möchte gleich zu Anfang betonen, dass ich weder noch bin, sondern nur ein guter Deutscher. Der 2 Kriege mitgemacht hat und seine Heimat liebt, nichts anderes wünscht als Friede und Einigkeit, zum Frieden gehört auch die Grenze, und mich stört sie nicht im geringsten, denn ich fühle mich hinter diesem Schutzwall geborgen. Wer sich darüber empört, das sind nur diejenigen, die 4:1 umgetauscht haben und jetzt ihr Geschrei ›Haltet den Dieb‹ erklingen lassen. Wir waren und sind nicht böse um dieses Geschrei, denn daran erkennt man nur ihre Ohnmacht Waltern gegenüber, der am 13. August 1961 konsequent handelte. Wir haben hier treu gearbeitet, wir sind unserem Walter treu geblieben und freuten uns über die Mauer. Ich bekomme jetzt, da ich nicht mehr arbeiten kann, nur meine Rente, 141,50 Mark. Ein bisschen zu wenig, meinen Sie. Es stimmt, aber ich habe trotzdem die Gewissheit, dass ich meine Miete immer noch bezahlen kann, nämlich 20,– Mark, während in der Freiheitszone die Mieten enorm steigen. Dort käme ich mit meiner Rente natürlich

nicht aus, denn der Mensch lebt ja nicht von der Wohnung allein, es muss auch etwas zu essen sein. Die Butter ist hier nicht knapp, sonst würde man nicht mehr Butter bekommen als einem zusteht. Ich komme aus, und wenn ich keine mehr habe, kaufe ich mir neue, aber keine Margarine, so wie die Westler es tun, die sich keine Butter leisten können, weil sie alles in die Mieten stecken müssen, sonst fliegen sie raus.
Also, Sie sehen, mein Herr, es ist nicht alles Gold, was glänzt.
Ich hoffe, dass Sie eine Ausnahme machen und diesen Brief auch veröffentlichen.

Harrison kommentierte:
Warum nicht? […] hier kann wirklich jeder zu Wort kommen, der etwas auf dem Herzen hat. Wir sind deswegen von unseren Hörern auch schon oft kritisiert worden. Bei solchen Briefen wie dem Ihren schreibt man uns dann gewöhnlich, so was sei von der Partei bestimmt. Dies sei eine Provokation für die Altersrentner usw.
Mir war, als hörte ich Austin Harrisons Stimme.
Wenn wir Ihnen die Möglichkeit geben, zu sagen, wie zufrieden Sie sind, so dürfen wir vielleicht auch Verständnis von Ihnen für die Meinung anderer erwarten, die sich aufregen.

Aber bloß aus der Perspektive der sogenannten Grenzgänger kann man doch die Berliner Mauer mit allen ihren Folgen wirklich nicht beurteilen. Ich denke hier nicht nur an den Schießbefehl und die Menschenleben, die diese Mauer bereits gekostet hat. Zu den Folgen der Mauer gehört offenbar auch die Tatsache, dass der eine oder andere nun wirklich glaubt, sie sei eine Grenze, die zum Frieden gehört. Dieser Glaube würde natürlich sofort verschwinden, wenn die Menschen, die heute hinter der Mauer leben müssen, die Möglichkeit hätten, in den Westen zu reisen. Sie könnten ihre Verwandten wiedersehen. Sie würden auch feststellen, wie die einzelnen Länder Westeuropas in Frieden nebeneinander leben und dazu absolut keine Mauer brauchen, und sie könnten sich an Ort und Stelle davon überzeugen, wie drüben im Westen die Löhne, die Mieten und die Altersrenten wirklich beschaffen sind. Kurz gesagt, wenn Ulbricht diesen Vergleich im August 1961 nicht zu fürchten brauchte, warum dann die Mauer? Und wenn er ihn heute nicht mehr zu fürchten braucht, warum dann immer noch die Mauer? Kennwort ‚Ein Enttäuschter‘ schreibt:

Mir war, als hörte ich ein Rauschen. Säße ich an einem

Radio, müsste ich am Regler drehen. Nur nicht den Sender verlieren. Dann wieder der Sprecher, er hat keinen Akzent.

Wir befinden uns in einem riesigen Konzentrationslager. Wo es kein Entrinnen gibt. Wählen dürfen wir nur nach Gebrauchsanweisung und immer dieselben. Wir sind nur noch eine Viehherde, die zu parieren hat.

In diesem Jahr erhielt ich einen Ferienplatz an der Ostsee vom FDGB. Mein Quartier war in einem Privathaus, wo ich mit noch einem Arbeiter untergebracht war. Das Dachzimmer war mehr als primitiv, das Bett zu kurz, die Matratze ein Loch drin, wo ich mir erst von einer Wiese Heu besorgen musste, um es zu stopfen. Verpflegt wurden wir in einem Heim, wo wir einen weiten Weg hin hatten. Das Essen war oft angebrannt und kaum zu genießen. Der Betrieb in der Küche wurde vorwiegend von Ferienkindern bewältigt, die sich abschuften mussten. Gleichfalls sah ich Kinder von 13 bis 14 Jahren auf den Feldern bei Erntearbeiten, wo ihnen der Schweiß von der Stirne lief und sie oft 12 Stunden bei 30 Grad Hitze schuften mussten.

Harrison kommentierte:

Ich habe diesen Brief hauptsächlich deswegen verlesen lassen, weil er typisch für sehr viele Hörerbriefe ist. Ich kann natürlich nicht beurteilen, ob die Zustände, die darin geschildert sind, wahr oder übertrieben, Einzelerscheinungen oder wirklich typisch sind. Es wäre ja denkbar, dass Jugendliche bei Erntearbeiten tatsächlich 12 Stunden arbeiten, obwohl dies ein Verstoß gegen das Jugendgesetz wäre. Zu kurze Betten in den Ferien und ein Loch in der Matratze, naja, so was kommt schließlich auch unter dem Kapitalismus vor, obwohl man hier etwas mehr dagegen tun kann, als die Fäuste in den Taschen ballen.

Dem Stasimann müssen die Ohren aufgegangen sein. Was er sich wohl gedacht hat. Ob er am Freitag die Woche darauf wieder am Apparat saß? Vielleicht nicht als pflichtschuldiger Mitschreibender, sondern als interessierter Hörer? Denn Austin Harrison hatte gesagt: Ich möchte aber den Brief von ‚Ein Enttäuschter' nicht so sehr kommentieren, als ihn vielmehr zusammen mit dem zufriedenen Brief, den Sie vorhin gehört haben, zur Diskussion stellen. Meine Frage wäre: Welcher hat recht?

Zwölf

Ein Jahr nach der Begegnung mit Austin Harrison in Leipzig stehen am 2. Februar 1968 der Werkmeister und der Werkleiter in einen Raum im Textilveredelungswerk Löbau einem Genossen Hampel gegenüber. Er hat sie zu einem Gespräch gebeten.

Während des Gesprächs fühlt sich Genosse Hampel bestätigt in seiner Annahme, dass der Werkmeister ein politisch und charakterlich unzuverlässiger Mensch ist und nicht immer ehrlich. Dass der Werkmeister allein in einem Haus wohnt, macht ihn Genossen Hampel verdächtig. Hampel weiß, dass der Werkmeister sich dort dann und wann mit Betriebselektrikern trifft und ausgiebig feiert. Genosse Hampel hat den Verdacht, dass der Werkmeister Scheu vor Frauen hat.

Der Werkleiter, er ist in der SED, scheint Genosse Hampel im Gegensatz zum Werkmeister zuverlässig. Genosse Hampel hat die Kaderakte studiert und von Mitarbeitern der KD Löbau, mit denen der Werkleiter Handball spielt, entsprechende Hinweise erhalten. Hampel weiß, dass der Werkleiter gerne trinkt. Hampel weiß auch, dass der Werkleiter kürzlich in der ČSSR war und wegen Trunkenheit am Steuer 100 Kronen Strafe zahlen musste.

Schon während des Gesprächs entscheidet sich Hampel für den Werkleiter `zwecks Durchführung der Abklärung des Harrison während der Leipziger Frühjahrsmesse.`

Nachdem der Werkmeister den Raum verlassen hat, sagt Genosse Hampel zum Werkleiter, man sei überzeugt, dass er zu jeder Zeit politisch zuverlässig handele. Da man trotz der Kenntnis der Absichten und Ziele des Engländers ständig und überall auf dem Laufenden sein müsse, bitte man um seine aufrichtige Hilfe.
Der Werkleiter sagt die Hilfe zu.
Dann sagt er: »Während der Messe im vergangenen Jahr gingen der Werkmeister und ich auftragsgemäß in ein Speiselokal und setzten uns wie zufällig an den Tisch von Harrison. Der las gerade eine englische Zeitung. Wir kamen ins Gespräch. Wir blieben bald drei Stunden. Wir sprachen über China, die SED. Und vieles mehr.«
Genosse Hampel sagt: »Sie haben im letzten Jahr Harrisons Adresse erhalten.«
Der Werkleiter sagt: »Weil er wollte, dass ich ihm schreibe, weil das Hobby seiner Sekretärin Briefmarkensammeln sei. Ich weiß nicht, ob ich die Adresse noch habe.«
Genosse Hampel sagt: »Suchen Sie sie.«
Genosse Hampel sagt auch, man werde noch vor der Messe ein konstruktives Gespräch mit ihm führen.
Er gibt dem Werkleiter eine Telefonnummer, sollte er Fragen haben, könne er dort eine Nachricht hinterlassen.

Von London kommend liest Harrison in Westberlin am 6. März im »Neuen Deutschland«: »Leipzig hat seit gestern wieder die Welt zu Gast. Die ›Mutter der Messen‹ gewinnt von Jahr zu Jahr weitere Anziehungskraft, obwohl unsere Zeit inzwischen eine Vielzahl internationaler Messen von

Rang hervorgebracht hat. Die Weltgeltung Leipzigs liegt in der Universalität dieser Messe hier.«

In zwei Tagen soll der Werkleiter den Engländer in Leipzig treffen.
Genosse Hampel führt ein konstruktives Gespräch mit ihm über sein taktisches Verhalten.
»Nicht aufdrängen. Zeigen Sie Freude über das zufällige Wiedersehen und Verärgerung darüber, dass Ihnen die Adresse verloren gegangen sei und Sie nicht schreiben konnten. Zahlen Sie beim Trinken nicht großzügig alles selbst, und lassen Sie Offenheit erkennen.«
Der Werkleiter weiß, was er zu tun hat.

Harrison fährt einen VW. Um halb eins parkt er seinen Wagen in Leipzig und geht, wie er es immer macht, zuerst ins Pressezentrum.
Anschließend fährt er zu seinem Hotel.
Harrison holt seinen Zimmerschlüssel, legt sein Gepäck ab, geht zum Ringmessehaus und dort durch die Ausstellungsräume im Parterre, bleibt eine Stunde und geht zurück zum Hotel.
Harrison macht sich ein wenig frisch und hat dann Lust, durch die Stadt zu laufen. Am Ausländertreffpunkt kauft er eine Zeitung, `faltete diese und steckte sie in die Manteltasche`, im Intershop kauft er zwei Schachteln Zigarillos, zu Abend isst er in Auerbachs Keller.
Am 8. März steht Harrison früh auf, obwohl er spät in den Schlaf gefunden hat. Er verbringt den Tag mit Erledigungen.

Am Nachmittag möchte er im Ratskeller zu Mittag essen.

Unweit von ihm setzt sich fast zeitgleich ein Mann.
Er teilte mit, dass er am 8. 3. 68 gegen 16.00 Uhr auftragsgemäß im HOG Ratskeller erschien und sofort den ‚Werfer' von weitem erkannte.
Der Werkleiter speist, blickt zu Harrison, trinkt, blickt zu Harrison, zahlt, blickt zu Harrison, steht auf, zieht seinen Mantel über, blickt überrascht zu Harrison.
‚Werfer' sah ihn ebenfalls überrascht an.
Harrison erkennt den Mann, den er vom letzten Jahr kennt. Der Werkleiter! Das ist ja ein Zufall. Gleichzeitig glaubt Harrison ganz und gar nicht an Zufälle.
Der Werkleiter tritt an den Tisch heran, spielt den Überraschten, Erfreuten und sogleich Enttäuschten, dass er sich wohl auf das zufällige Wiedersehen freue, jedoch durch seine Messetätigkeit jetzt wenig Zeit habe.
Harrison sagt, er verstehe das absolut. Sie könnten sich auch später treffen. So gegen 18 Uhr 30 in der Mensa?
Der Werkleiter sagt, »19 Uhr 30«.

Um 19 30 Uhr erwartet der Werkleiter ihn schon.
Bei dem Werkleiter handelt es sich um eine dem Auftraggeber bekannte Person.
Harrison und der Werkleiter begrüßen sich per Handschlag, Harrison nimmt Platz, sie essen zu Abend und trinken viel Wein.

Sie unterhalten sich. Etwa so:
Harrison sagt, kürzlich habe er das Wort Vulgärkommunismus gelesen.
Der Werkleiter sagt: »Was soll das sein?«
»Lügen, Verdrehungen, verzerrt und fragmentarisch wiedergegebene Zitate von westlichen Politikern in Ihren staatlichen Medien«, sagt Harrison.
Der Werkleiter sagt: »So weit würde ich nicht gehen.«
Wie weit er denn gehen würde, fragt Harrison.
Der Werkleiter wirkt nachdenklich.
Harrison fragt, ob der Werkleiter denn zum Beispiel meine, dass es noch eine deutsche Nation gebe?
Der Werkleiter sagt, Ulbricht habe gesagt, Nein.
Harrison sagt: »Ulbricht steigerte sich bis in seine phonetischen Möglichkeiten, als er das sagte.«
»Ulbricht sagte es ja auch im Friedrichstadtpalast in Berlin«, sagt der Werkleiter.
»Eine Revue«, sagt Harrison.
Der Werkleiter lacht auftragsgemäß.
Harrison sagt, Größe zeige der, der sein Misstrauen abwerfe und den ersten Schritt auf den anderen zugehe.
»Welche Schritte könnten das sein?«, fragt der Werkleiter.
»Freier Reiseverkehr, Austritt aus dem Warschauer Pakt, Lösung von der Sowjetunion, Abzug sowjetischer Truppen aus der DDR, eine Politik der Neutralität.«
»Hieße das nicht die Preisgabe der DDR?«, fragt der Werkleiter.
»Wäre Ihre Nation so gebildet, wie die Führung behauptet, keineswegs«, sagt Harrison.

Der Werkleiter: »Sie wollen mich schon wieder provozieren.«
Harrison schenkt dem Werkleiter eine Zigarre.
Harrison bestellt eine dritte Flasche Wein. Der Werkleiter hat nichts dagegen.
Harrison sagt, Freiheit sei doch die Freiheit des Andersdenkenden.
»Genau so«, sagt der Werkleiter. »Wir nehmen uns die Freiheit, anders zu denken.«
Harrison sagt: »Beim Barte des Propheten.«
Zum Abschied tauschen Harrison und der Werkleiter Adressen aus.
In der Messestadt bleibt Harrison noch drei Tage.

Dreizehn

»Nachdem an diesem Abend in der Zeit von 20.00 bis 21.45 Uhr die Ermittlungen verschiedentlich unterbrochen werden mussten, konnte T. um 22.00 Uhr ganz einwandfrei des Abhörens der englischen Nachrichten in deutscher Sprache überführt werden.
Zu der genannten Zeit konnte einwandfrei festgestellt werden, dass T. das Gerät auf eine andere Welle einstellte. Es war dann laut und deutlich wieder der Heulton des Störsenders der Londoner Welle hörbar.«
T. hatte den »Feindsender« gehört und wurde zu sechs Monaten Gefängnis verurteilt.
Ein Urteil, das nicht in der DDR fiel, sondern im Jahre 1943 von einem Sondergericht in Hamburg.

Die Bezeichnung »Feindsender« hielt sich in der DDR.
Der `Kampf gegen Feindsender` sei vollkommen unzureichend, hieß es in einem Bericht des MfS von 1962.
In den Stasiakten las ich von in deutscher Gründlichkeit aufgeschriebenen Schicksalen, von zu operativen Vorgängen gewordenen Leben. Ein Sechzehnjähriger kam in die Vollzugsanstalt Torgau.
`Im Oktober und November 1961 schrieb er zwei Hetzbriefe an den Londoner BBC, mit dem Ziel, die sozialistischen Verhältnisse in der DDR herabzuwürdigen und diesem Hetzsender Material für weitere Hetzsendungen zu geben.`

Zwei Briefe! Dafür gab es 1962 zwei Jahre und sechs Monate Haft.
Zuständig war 1962 noch die Hauptabteilung V.

Wer Kontakt mit der BBC aufnahm, beging in der DDR eine Straftat.
Ab 1966 war für die Verfolgung von Jugendlichen die Abteilung 2 – Volksbildung und Jugendpolitik – der Hauptabteilung XX des Ministeriums für Staatssicherheit zuständig. Leiter der Hauptabteilung XX, das Herz der politischen Repression und Überwachung, war Paul Kienberg.
Auf den Stützpunkterfahrungsaustauschen – was für eine Worterfindung – der Fahndungsmitarbeiter im Mai 1966 wurde zentral festgelegt, dass die ‚Hörerbriefsendungen' des RIAS und der BBC ständig von den Fahndungsmitarbeitern abgehört werden, um eine unverzügliche Einleitung der PK-Aufträge über die bekannt gegebencn Dookadressen zu gewährleisten.
Leiter der Hauptabteilung XX Kienberg.
Kienberg sorgte für Effektivität. Die zentrale Klassifizierung der anonymen und pseudonymen Hetzschriften sollte ausgebaut, Beweismaterial wichtiger Vorkommnisse erfasst werden und bis Endc des ersten Halbjahres 1966 ein Vorschlag vorliegen, auf dessen Grundlage der Aufbau einer Sammlung von Vergleichsschriften aller auf den Linien XVIII, XIX und XX bearbeiteten und angefallenen Personen vorgenommen werden kann.

Mit der Abteilung M und der Postzollfahndung sollte bestmöglich zusammengearbeitet werden. Kienberg war überzeugt, dass dem MfS zu viele Briefe entgingen:

Wie der Brief von *Numerich* vom Mai 1966:

> *Noch immer richtet sich die ostdeutsche Jugend nach dem Westen. Minen, Stacheldraht und Schießbefehl können es auch nicht verhindern. Die Menschen sind abgestumpft, lebensmüde. Täglich quält uns der Gedanke, aus Verzweiflung Selbstmord zu begehen. Man müsste sich öffentlich auf dem Marx-Engels-Platz oder auf dem Alex verbrennen.*

Auch die Erwiderung von *Gelegenheitshörer:*

> *Um es vorweg zu nehmen, ich bin nicht mit allem einverstanden, was in unserer DDR das Dasein bestimmt. Aber was sich der Schreiber Numerich oder so ähnlich am 27. 5. von der Seele schrieb, hat mich so tief erschüttert, dass ich diesem lebensmüden stumm leidenden Menschen, der sich am liebsten verbrennen möchte, meine Hand so herzlich in das armselige Gesicht drücken möchte, dass ihm Hören und Sehen vergeht.*
> *Er schreibt so verlogen über unser Dasein, dass ich mich wundern muss, wo Sie den Mut hernehmen, solchen Mist zu Gehör zu bringen, denn Sie wissen aus Erfahrung, genau wie ich, dass hier von diesen Skribenten maßlos übertrieben wird.*

Dass die Briefe dem MfS entgangen waren, erfuhr das MfS, weil Harrsion im Juni 1966 in seiner Sendung sagte:
»Ich fürchte, Sie missverstehen den Zweck dieser Sendung. Sie soll jedem die Möglichkeit geben, seine Ansichten vorzubringen. Auch ›Numerich‹ und Ihnen selbst. Seine Ansichten mögen falsch sein, aber er hat doch sicher genauso viel Recht, sie vorzubringen, wie Sie das Recht haben zu sagen, dass sein Brief maßlos übertrieben war. Das verstehe ich jedenfalls unter einer freien demokratischen Diskussion, wo alle Ansichten zulässig sind. Ich kann Ihnen aber versichern, dass die meisten Hörer keine Schwierigkeiten haben, um rauszufinden, welche Ansichten richtig und welche falsch sind.«

Auch dieser Brief war dem MfS entgangen:

> *Vor kurzem war ich in Dresden [...]. Ich besuchte unter anderem auch den Zoo und musste feststellen, dass die Tiere dort weit besser mit Nahrungsmitteln versorgt werden als die Bevölkerung. Wäre ich so ein Tier, dann bräuchte ich mich nicht stundenlang anzustellen, um die wichtigsten Nahrungsmittel einzukaufen. Und hinter Gittern sind wir ja ohnehin. Nach dem Zoobesuch machte ich einen Bummel entlang der Elbe. Als ich eine Elbbrücke passierte, konnte ich lesen. »Ulbricht gehe druf, dann geht's wieder berguf.« Ich staunte nicht schlecht, zumal ich noch feststellen musste, dass man eifrig dabei gewesen ist, das Geschriebene an der Brücke zu entfernen. Ob es aber wirklich bergauf geht, wenn Ulbricht druf geht, möchte ich bezweifeln.*

Kienberg wollte in Zusammenarbeit mit der Abteilung M und der Postzollfahndung durch die Anwendung moderner kriminalistischer und politisch-operativer Methoden die Aufklärungsquote erhöhen. Denn mittlerweile erfüllte die Sendung »Briefe ohne Unterschrift« für das MfS alle Voraussetzungen, die an eine verbrecherische Organisation im Sinne des § 16 StEG zu stellen sind.

Welche modernen kriminalistischen und politisch-operativen Methoden das waren?

- Sichtbarmachen/Sichern latenter Fingerspuren
- Vergleich der Fingerabdrücke
- Papierartbestimmung
- Vergleich von Schnittkanten
- Blutgruppenbestimmung aus Speichel
- Sichtbarmachen von Blindeindrücken
- Bestimmung der verwendeten Farbsubstanz/des Klebstoffs des Blau- oder Hektografenpapiers
- Vornahme eines Schriftvergleichs, Überprüfung im Schriftklassifizierungs-schrank.

Darüber hinaus sollte ein Netz von IM aufgebaut werden.

Generalleutnant Paul Kienberg hatte ein erfülltes Leben, auch ein gutes, nur »das Scheitern der DDR war für Paul Kienberg eine schmerzliche und folgenreiche Niederlage«, las ich in einer Gedenkrede von 2013 von der »Gesellschaft

zur Rechtlichen und Humanitären Unterstützung e. V. ehemaliger Spitzenfunktionäre der SED«.
Da stand auch: »Er überzeugte durch seine ruhige und bedachte Art.« Niemand habe ihn je aufbrausend oder unsachlich erlebt. Auch in Stresssituationen – und davon habe es nicht wenige gegeben – sei er überlegt und unaufgeregt geblieben. »Wer in einer Position wie Paul Kienberg tätig war, war immer im Dienst. Auch nachts und an Sonn- und Feiertagen klingelte das Telefon und wurden von ihm Entscheidungen abverlangt.«

1968 verpflichtete sich die Hauptabteilung XX anlässlich des bevorstehenden 20. Jahrestages der Gründung der DDR zur Mobilisierung der schöpferischen Kräfte aller Mitarbeiter.
Die Hauptabteilung XX/2 stellte sich die Aufgabe, vorwiegend in der ersten Zwischenetappe des Wettbewerbs, bestimmte Vorgänge abzuschließen.
Dic Suchc nach den Briefeschreibern – eine sportliche Herausforderung!
Die DDR als Menschenjagdgebiet.
Die Jagd des Staatssicherheitsdienstes auf Briefeschreiber, sogar auf Kinder.
Alles fein säuberlich festgehalten. In Schreibmaschinenschrift.

Vierzehn

Der Frühling 1968 in London ist anders als anderswo. Harrison ahnt, dass er nie wieder nur den Frühling als Jahreszeit denken wird, sondern als Ort.

Johnson sagt, ihm gehe es ähnlich.

Harrison telefoniert jetzt öfter mit Johnson.

»Die politischen Blöcke scheinen auseinanderzubröckeln«, sagt Johnson.

Harrison sagt: »Wenn der Osten bröckelt, meinetwegen. Aber der Westen?«

»Vor allem Frankreich fährt einen eigenen Kurs«, meint Johnson.

»Jugoslawien, Rumänien, die ČSSR. Sie wollen die Unabhängigkeit von der Sowjetunion«, sagt Harrison.

Und Johnson: »Polen und Ungarn sind allerdings noch Fragezeichen.«

Harrison sagt: »Bulgarien und Ostdeutschland sind es nicht.«

»In Prag ist noch kein sowjetischer Panzer aufgefahren«, sagt Johnson.

»Noch«, sagt Harrison. »Irgendwann wird die Stationierung von zwanzig sowjetischen Divisionen auf deutschem Boden so wirken wie die einzig gebliebene Säule eines Tempels, der schon längst zerfallen ist.«

Johnson fragt: »Die Divisionen werden abgezogen und man wird in der DDR seine Meinung sagen können, ohne Angst vor Verhaftung?«

»Du kennst doch den Spruch«, sagt Harrison, »Freiheit ist ansteckend.«
»Wirst du das alles in der Sendung sagen?«, fragt Johnson.
Harrison sagt: »Ja!«

Am 21. August reißt Harrison Johnson am frühen Morgen telefonisch aus dem Schlaf.
Sowjetische Panzer sind in Prag eingerollt.

Einen Tag später sendet die BBC: »Russia brings winter to ›Prague Spring‹.«
Noch einen Tag später steht in der ostdeutschen »Berliner Zeitung«: eine »Sintflut von Schmutz und Geifer, Hass und Lügen; aufputschende, einander ständig widersprechende, von keinem Deut der Wahrheit getrübte Meldungen, ›Augenzeugenberichte‹, offenbar per Fernrohr von der Spitze des Wiener Stephansdoms beobachtet – das ergießt sich über ›Bild‹-Konsumenten, Hörer und Zuschauer von Westfernsehen sowie Leser solcher Verdummungsorgane für die gebildeten Schichten wie ›Die Welt‹. Die ganze Westjournaille ist außer Rand und Band. [...] Die Globalstrategie des Imperialismus hat eine Niederlage erlitten. Geschrei und Hetze der Geschlagenen ist entsprechend.«

Die Post nach London reißt nicht ab:

Ich habe in den letzten Tagen die Vorgänge in der ČSSR sehr genau verfolgt. [...] Es ist für uns zutiefst erschütternd, durch welche Hetzkampagne die DDR in Rundfunk und Presse den Einfall der Truppen gerechtfertigt hat. Zum tausendsten Male wurde die aggressive imperialistische Politik dafür verantwortlich gemacht. Nicht nur Studenten meiner Fachrichtung, sondern viele Menschen unseres Staates bedauern das Vorgehen der Moskauer Regierung und eines Teils ihrer Verbündeten. Sie und die Menschen in der ČSSR müssen es erfahren, dass das ND in den meisten Fällen ein vollkommen verdrehtes Bild der Stellungnahme unserer Bevölkerung wiedergibt. Wahr ist leider, dass das sichtbare Leben vieler Menschen in den gewohnten gleichgültigen Bahnen weiterlief, als ob nichts geschehen wäre. Das war sehr beschämend für uns. Wir müssen darin ein sehr ernstes Zeichen sehen. Wir wären froh, wenn das tschechoslowakische Volk uns glauben könnte, dass in jenen Tagen deutsche Menschen im Geiste ihm nahe standen. […]

Ein Arbeiter schreibt:

Alle meine Sympathien gelten dem tapferen tschechischen Volk sowie ihren freigewählten Vertretern Dubček und Svoboda. […] Aus meiner Umgebung im Betrieb weiß ich, dass der größte Teil meiner Arbeiterkameraden mit mir die gleiche Meinung teilt. Selbst Genossen, die in Diskussionen provozierender Art von ihren parteilosen Kollegen in die Enge getrieben sind, gaben schließlich die Brutalität und Feigheit zu, mit der das rote System die Unabhängigkeit anderer Völker mit den Füßen tritt. In meinem Betrieb wurde bereits den zweiten Tag kaum gearbeitet; nicht, weil gestreikt worden wäre, sondern weil die Menschen in Gruppen zusammenstehen, diskutieren und sich zum Leidwesen der wenigen Apparatschiks an mitgebrachten Kofferradios von westlichen Rundfunkstationen immer wieder neue Informationen holen.

Ihr Alter schreibt:
Das ist der Gipfel! Wenn in der ČSSR eine Menschengruppe sich auf einer Straße aufstellt, um feindlichen Panzern oder fremden Panzern den Weg zu verstellen und dadurch bedauerlicherweise vier Sowjetsoldaten mit ihren Panzern beim schnellen Ausweichmanöver in einen Abgrund stürzen, denn sie sind ja auch nur befohlen, und man sagt oder schreibt, die Menschen seien augenscheinlich von Konterrevolutionären getrieben worden, da muss man ja explodieren. Wir lasen schon früher unsere Zeitungen nicht, wir lasen sie ja nur, um uns nicht zu gefährden, besonders das Dickgedruckte liest kein Mensch und das Folgende natürlich auch nicht, so haben wir uns das nun vollständig abgewöhnt. […] Viele hier waren mit den Jahren geneigt, sich zu arrangieren durch den in stark verlangsamtem Tempo und damit großer Verspätung steigenden Lebensstandard. Es war eine gewisse positive Haltung entstanden. Mit der Beteiligung in der ČSSR ist diese Mitarbeit und Neigung restlos zerschlagen worden.

Ein Zweiundzwanzigjähriger, der in einem Industriebetrieb arbeitet, wird schreiben:

[...] Nur solche Menschen ohne Herz, Verstand und Gewissen könnten den Einzug der Warschauer Pakt-Truppen in die ČSSR gutheißen. Aber das ändert nichts an der Tatsache, dass es auch bei uns genug Menschen gibt, die voller Sympathie für das tschechische Volk sind. Dubček wollte dem Sozialismus ein menschliches Gesicht geben, ist das Hochverrat? Jetzt wird er als Verräter verfemt. Nun, die Zeit wird ihr Urteil sprechen. Sie wird über Ulbricht und Breschnew genauso richten wie sie über Hitler und Stalin gerichtet hat. Für alle anständigen Menschen der Welt gilt nach wie vor die Parole: »Lieber aufrecht sterben, als auf den Knien leben!«

Johnson erzählt Harrison, dass offenbar etliche Jugendliche im Osten im Zusammenhang mit dem 21. August verhaftet worden seien. Darum habe er kürzlich einmal wieder spontan Rudolf Harnisch, den Journalisten, in Ostberlin besucht.

Harnisch habe aber nachmittags nur wenig Zeit gehabt. Er habe Harnisch gefragt, ob die Berliner Oberschüler, die gegen den Einmarsch in Prag protestiert haben, schon verurteilt worden seien und welche Urteile verhängt wurden.

»Und?«, fragt Harrison.

»Harnisch sagte, er könnte darauf keine Antwort geben. Er musste dann weg. Sitzung im Elternaktiv. Ich fragte ihn, ob er da etwas über die Jugendlichen herauskriegen könne. Wir hatten uns noch einmal für den Abend verabredet.«

»Bist du hin?«
»So gegen 21 Uhr. Harnisch sagte, dass eine der Jugendlichen nicht mehr inhaftiert sei.«
Harrison sagt: »Ach.«
»Sie wurde für zwei Jahre an ihren gegenwärtigen Arbeitsplatz verpflichtet.«
Harrison sagt: »Der Harnisch weiß Bescheid.«
»Er wusste auch«, sagt Johnson, »dass zwei andere aus der Gruppe mit einer Verurteilung zu rechnen hätten.«
»Was du nicht sagst.«
»Ich erkundigte mich nach anderen Söhnen und Töchtern von Prominenten, die nach dem 21. August inhaftiert worden seien.«
»Und?«
»Das wusste er nicht«, sagt Johnson.
Harrison sagt: »Die jungen Menschen sind unvorsichtig.«
Was er nicht wissen kann: Hinter einem Fenster von irgendeinem Wohnzimmer in irgendeiner Wohnung in irgendeiner Straße in irgendeiner Stadt irgendwo in der DDR sitzt ein sechzehnjähriger Junge an einem Tisch. Er ist allein zu Hause. Das Radio auf der Anrichte ist aus. Vor dem Jugendlichen auf dem Tisch liegen ein adressierter Briefumschlag und zwei beschriebene Blätter.
Der Junge liest noch einmal, was er geschrieben hat:

Sehr geehrte Mitarbeiter des deutschen Programms von Radio London!

Ich bin noch nicht lange Hörer Ihrer Sendung »Briefe ohne Unterschriften«, aber mir gefällt diese Sendung sehr gut, weil diese die Meinung von Bürgern zeigt, die nicht in unserer Presse steht. Ich bin 16 Jahre und möchte Ihnen einiges schreiben über die Stimmung der Jugendlichen auf die Ereignisse in der ČSSR bezogen. Der größere Teil der Schüler stimmt leider den Maßnahmen der Warschauer Paktstaaten bei. Wir sind etwa 5 Mann in unserer Klasse, die gegenteiliger Meinung sind. Am ersten Schultag wurde gleich eine Stunde über die politische Lage in der ČSSR angesetzt, wo wir unsere Meinung über die Maßnahmen der Paktstaaten zum Ausdruck bringen sollten. Was sollte ich in dieser Stunde tun? Ich schwieg *zu allen Meinungen, die vorgebracht wurden. Gegenteiliger Meinung durfte man nicht sein, da ich zur Oberschule gehe, kann man mich schnell von der Schule entfernen. Anschließend möchte ich Ihnen einiges schreiben, was ich von Touristen gehört habe, die diese Ereignisse in der ČSSR erlebt haben. Einem PKW-Fahrer ist Folgendes passiert: Ein russischer Panzer hat seinen Wagen leicht gerammt. Als dieser Mann bei uns zur Versicherung ging, wurde er gefragt, ob er das Nummernschild wisse; er sagte, dass dies in der ČSSR geschehen ist und ihn ein Panzer gerammt hat. Danach zuckte der Versicherungsbeamte die Achseln, wenn er das Fahrzeug nicht kenne, könnte er auch von der Versicherung keinen Schadensersatz verlangen.*

Ich werde noch öfter schreiben, hauptsächlich über Jugendliche und ihre Gedanken zu den weltpolitischen Problemen. Nun zum Abschluss möchte ich Ihnen meine Gedanken zu den Ereignissen in der ČSSR schreiben. Ich bin der Meinung, dass der Westen nicht scharf genug

gegen diese Intervention eingeschritten ist. Muss denn ein Land, das sich etwas Freiheit schwer erkämpft hat, immer den alten Weg unter Moskauer Herrschaft weiter marschieren?
Es grüßt Sie herzlich Ihr schreibender Schüler.

Der Junge ist zufrieden. Er faltet die beiden Blätter, steckt sie in den Briefumschlag, leckt die Klebeflächen an, klebt den Umschlag zu und schreibt darauf eine Adresse in Westberlin, Rolf Degner, 1 Berlin 12, Kantstr. 45. Er schreibt keinen Absender.
Den Brief wirft er am Hauptpostamt ein.
Der Brief bekommt einen Poststempel. Das Datum: 10. September 1968. Der Ort: Greifswald.

Fünfzehn

Anfang des Jahres 1969 erschien in der DDR-Wochenzeitschrift »Horizont« unter den Titel »Der lange Arm des SIS: Die BBC« die Übersetzung eines Artikels aus der Moskauer Tageszeitung »Iswestija«.
Ich habe den Artikel im Vorgang »Werfer« gefunden.
Ich bin mir sicher, dass sowohl Harrison als auch Johnson den Artikel gelesen haben.
Die britischen Medien wurden darin beschuldigt, eng mit dem britischen Auslandsgeheimdienst, dem Secret Intelligence Service (SIS), zusammenzuarbeiten, besser bekannt als MI6. Es wurden Namen von Journalisten genannt, interne Memos des SIS abgedruckt. Behauptet wurde unter Berufung auf geleakte Memos, dass der MI6 BBC-Sendungen dazu nutzte, Agenten zu gewinnen, und zwar mittels bestimmter Melodien oder Sätze, »mit denen ein Agent oder Organisator beim Versuch, ausgewählte Reisende aus dem Sowjetblock außerhalb des Eisernen Vorhangs anzuwerben, beweisen kann, dass er offizielle britische Unterstützung hat«.
Möglich ist alles, dachte ich. Bewiesen nichts.
Johnson und Harrison müssen gedacht haben: Und das nur vier Monate, nachdem die Russen dem »menschlichen Antlitz des Sozialismus« kräftig eine reingehauen haben.
Ich jedenfalls dachte es, als ich den Artikel las.
»Wesentlich ist, dass die Ätherwölfe, die sich so lange in den Schafspelz vertraulicher freundschaftlicher Gespräche

mit den Hörern gekleidet haben, durch und durch abstoßend sind.«
Eine gezielte Attacke gegen Sendungen wie »Briefe ohne Unterschrift«, eine Attacke auch gegen Austin Harrison.
»Den britischen Geheimdienst interessiert zum Beispiel seit eh und je die Post, die die Rundfunkgesellschaft von Hörern erhält.« Es gebe eine generelle Absprache mit der BBC, wonach alle Hörerpost aus den sozialistischen Ländern an Prop/2 im SIS übergeben werden müsse.
Wären alle Briefe umgehend dem Secret Intelligence Service übergeben worden, hätte ich sie mit Sicherheit nicht im Written Archive der BBC gefunden und Herr Burkart hätte nicht das erzählt:
»1968 erhielten wir ziemlich regelmäßig Briefe von der gleichen Person, in schwieriger Handschrift, kryptisch. Sie waren an verschiedenen Orten im Südharz abgestempelt, berichteten von vermehrten Arztkontakten wegen Husten, Halsschmerzen usw., von einer Verstärkung sowjetischer und deutscher Truppen in der Gegend. Es war nicht leicht, herauszulesen, dass die Briefe den Einmarsch in die ČSSR ankündigten. Besonders solche Briefe wurden in einem Safe aufbewahrt, aus Angst vor KGB-Spitzeln innerhalb der BBC.«
Herr Burkart erzählte auch: »Als der Labour-Politiker Richard Crossman einmal zu Besuch in der DDR war, wurde ihm ein Dokument überreicht, in dem behauptet wurde, die Briefe seien alle gefälscht. Von Agenten. Von uns. Zurück in London kam Crossman ins Funkhaus. Ihm wurden sämtliche Originale gezeigt. Der Propagandaversuch der SED war fehlgeschlagen.«

Die BBC-Journalisten, so las ich in der DDR-Zeitschrift weiter, »handeln wie die eingeschliffenen und gut geschmierten Zahnräder eines großen Mechanismus des sogenannten ›demokratischen‹ Staates, in dem der Geheim- und Polizeidienst in Fragen der Innen- und Außenpolitik die Entscheidungen trifft«.
So einer wie Kienberg las den Artikel in »Horizont« sicherlich auch.
So einer wie Kienberg muss gedacht haben, Das wissen wir schon seit Jahren.
Darum sind wir auch schon seit Jahren an Leuten wie Harrison dran.
Die Stasi notierte: Aus dem aus Originaldokumenten des englischen Geheimdienstes belegten Artikel der sowjetischen Zeitschrift „Iswestija" vom 17. 12. 1968 […] gehen einige für die Bearbeitung des Vorgangs „Werfer" bedeutende Hinweise hervor.
Nämlich, dass abgesehen von der Hörerpost auch die Adressen der Briefeschreiber an den britischen Auslandsgeheimdienst übergeben würden und der englische Geheimdienst der BBC Hinweise über die Wirksamkeit ihrer Programme in den östlichen Staaten gebe.
Absurd. Erstens, was sollte der englische Auslandsgeheimdienst mit den Adressen. Die waren alle fingiert. Zweitens, die BBC brauchte keinen Auslandsgeheimdienst, um herauszufinden, wie ihre Sendungen, auch die deutschsprachigen, hinter dem Eisernen Vorhang aufgenommen wurden. Die BBC hatte ihre eigene

Monitoring-Abteilung: German Audience Research Unit, Bush House, Room 272.
Die Stasi notierte auch: `Der Artikel dokumentiert den Vorschlag eines Geheimdienst-Mitarbeiters, das BBC-Büro in Westberlin als Treffobjekt des englischen Geheimdienstes zu benutzen.`
Ein solcher Vorschlag könnte nach Ansicht des MfS nur von Austin Harrison oder Peter Johnson gekommen sein. Denn: Die Arbeit der Journalisten Harrison und Johnson diente einzig und allein der Informationsbeschaffung. Diese Informationen würden in einer Form genutzt, die nichts mehr mit journalistischer Arbeit zu tun hätten.
Für das MfS stand fest:
`Harrison nimmt damit eine Schlüsselfunktion für den englischen Geheimdienst ein. Das von ihm gestaltete ‚Programm für die Sowjetzone' ist neben seinen politisch zersetzenden Aufgaben eine wichtige Informationsquelle des englischen Geheimdienstes über die DDR.`
So konnte man es natürlich auch drehen. Und wenn man es so drehte, war jeder unabhängige Journalist ein Spion.
Möglich, dass Harrison und Johnson das Ende des Artikels als Warnung verstanden.
Ich hätte es getan.
Die Geheimdienste der USA, Großbritanniens und Westdeutschlands bedienten sich des »riesigen Propagandaapparates der eigenen Länder zur Verbreitung von Falschmeldungen, von Lügen und Verleumdungen, nutzen sie aber auch zu anderen verbrecherischen Zwecken«. Gerade in

England würde seit Jahren an Methoden der politischen Verleumdung und Diversion gearbeitet. »Da spricht man gerne von ›Freiheit‹ und ›Unabhängigkeit‹ der Presse und des Rundfunks. Aber die Rundfunkpiraten der ›unabhängigen‹ BBC sind längst erkannt.«

Ob Harrison und Johnson im März 1969 unerkannt in der Dicken Wirtin oder im Zwiebelfisch sitzen?

Harrison sagt: »Manchmal frage ich mich, ob ich auf deren Fahndungsliste stehe.«

»Genügend scharfe Angriffe gegen die DDR und prominente Persönlichkeiten hast du gefahren«, sagt Johnson.

»Ich kann also damit rechnen, dass ich in die Fahndungsliste aufgenommen werde?«

»Ich würde sagen, du musst damit rechnen. Wie war es in Leipzig?«

Harrison sagt, am ersten Abend habe er zufällig Rudolf Harnisch im Club des Pressezentrums getroffen.

`Ich saß einige Tische weiter und suchte einige Minuten, nachdem Harrison Platz genommen hatte, seinen Tisch auf.`

Harrison sagt, er habe sich mehr schlecht als recht mit zwei Kollegen aus Bulgarien unterhalten, als Harnisch an seinen Tisch getreten sei.

`Harrison bat mich, als Dolmetscher zu fungieren und die beiden Bulgaren zu fragen, ob sie die bulgarische Beteiligung an der ‚Invasion der ČSSR‘ für richtig hielten.`

»Was haben die gesagt«, fragt Johnson.

Harrison sagt: »Sie hielten es für richtig.«
Ich erklärte den beiden Bulgaren, dass es sich hier um einen englischen Journalisten handelte und stellte ihnen auch die Frage. Harrison sagte mir dann wieder in Deutsch, naja, die können nicht anders antworten.
Harrison sagt, er sei durch die Stadt gelaufen, flaniert, so müsse man wohl sagen. Flaneure seien sie doch, nicht wahr, in diesem Land.
Johnson sagt: »Beobachten und geben wieder.«
»Nicht alles«, sagt Harrison.
Johnson sagt, es gebe eben Dinge, die man besser nicht ausspricht.
»Und so wird das innerste Wesen des Verbrechens nicht offenbart«, sagt Harrison.
»Oh«, sagt Johnson, »auch du hast Poe gründlich gelesen.«
Harrison sagt, um 15 Uhr sei er verabredet gewesen, im Hotel Deutschland.
Im Hotel begrüßte ‚Werfer' zwei männliche Personen (Neger) durch Handschlag. Die zwei männlichen Personen werden im weiteren Bericht ‚Bimbo' und ‚Jumbo' genannt.
Harrison sagt, sie seien doch lieber ins Café am Hochhaus gegangen, hätten aber keinen Platz bekommen. Also seien sie weitergezogen. In die Klostergasse zum Paulaner. Es sei ein angenehmes und angeregtes Gespräch gewesen, bei Bier und Cognac. Gegen 18 Uhr hätten sie sich verabschiedet.

‚Bimbo' und ‚Jumbo' wurden weiter beobachtet.

Harrison sagt zu Johnson: »Was soll ich sagen, Peter, es war im Großen und Ganzen wie immer.«

Sechzehn

Die Adresse Rolf Degner, 1 Berlin 12, Kantstr. 45, ist dem Ministerium für Staatssicherheit bekannt.
Sobald eine Adresse dem Ministerium für Staatssicherheit bekannt ist, wird sie an die entsprechenden Postämter weitergegeben.
Am Montag, dem 9. September 1968, liegt die Adresse Rolf Degner, 1 Berlin 12, Kantstr. 45, dem Hauptpostamt in Greifswald vor.
Am Mittwoch, dem 11. September, wird der Brief aussortiert und an die Hauptabteilung XX des MfS weitergeleitet.
Ein Oberleutnant der Hauptabteilung XX fragt sich, wer der Schüler ist, der diesen Brief geschrieben hat. Da der Umschlag den Poststempel Greifswald trägt, kann es nur ein Schüler der Erweiterten Oberschule sein, kombiniert er.
Der Oberleutnant gibt die Angelegenheit weiter an die Abt. 2 der Hauptabteilung XX.
Ende März 1969 bekommen etwa 500 Schüler nach einem Besuch von Männern des Ministeriums für Staatssicherheit an der Erweiterten Oberschule Friedrich Ludwig Jahn eine schriftliche Hausaufgabe.
Der Junge hat wenig Lust, sich an die Hausaufgabe zu machen.
Mit wenig Lust setzt er sich an den Tisch im Wohnzimmer und fängt an zu schreiben:

»Darstellung meiner Entwicklung:
Ich wurde am 11. August 1952 in Greifswald geboren. Meine Eltern lebten in Neuenkirchen. Mein Vater war zur Zeit meiner Geburt Buchhalter. Im Jahr 1959 übernahm mein Vater ein selbständiges Steuerbüro.
Ein Jahr vor dem Beginn meiner Schulzeit besuchte ich den Kindergarten in Neuenkirchen. Hier wurde ich auf die Schule vorbereitet, und teilweise lernte ich dort meine späteren Schulkameraden kennen.
Am 1. September 1959 wurde ich in der Oberschule von Neuenkirchen eingeschult.«
Er überlegt. Er weiß, was verlangt wird. Er schreibt vom richtigen Klassenstandpunkt, von der feierlichen Aufnahme in die FDJ, von seiner Liebe zu Büchern, seinem Interesse für das Theater, einem Theaterbesuch, der ihn besonders beeindruckt hatte, und darum auch über Lessings »Nathan der Weise«. Er glaubt, es könne nicht sträflich sein zu schreiben: »Lessing spricht sich hier gegen nationale Überheblichkeit weniger Völker aus und verurteilt, dass diese Völker deshalb andere unterdrücken.«
Er schreibt auch, wegen seiner Leistungen müsse er mit noch größerer Intensivität an die an ihn gestellten Aufgaben herangehen, sowohl auf schulischer wie auf gesellschaftlicher Basis, um sie zu aller Zufriedenheit zu lösen.
Unter die lästige Hausarbeit setzt er ein Datum, 2.4.1969, und unterschreibt.
Er zeigt die Arbeit dem Vater, der nörgelt über die Schrift. Ob die Schwester nicht alles noch einmal abschreiben könne. Ihre Schrift sei viel schöner.

Der Vater kann sich nicht durchsetzen.
Der Junge gibt die Arbeit in der Schule ab.

Die Tage und Monate vergehen.
Er geht zur Schule, trifft sich mit Freunden, manchmal spielen sie Federball, manchmal Fußball, sie gehen ins Kino, erledigen zusammen Hausaufgaben. Er hört Radio, am liebsten DT 64, Radio Nordsee International, Rias, Saarländischer Rundfunk und BBC London. Je nachdem, welcher Sender gerade zu empfangen ist.
Ein oder zweimal ermahnt ihn der Vater, die Sender abzudrehen. Aber der Vater hört selber Nachrichten im westlichen Rundfunk. Das weiß der Sohn.
Der Junge geht seinem Hobby nach: Westliche PKW fotografieren, meistens von schwedischen Touristen, die an der Ostsee Urlaub machen. Manchmal bitten er und seine Freunde die Touristen, ihnen Zeitschriften zu schenken.
Oft sitzt er in der Bücherei und liest.
Am liebsten aber tanzt er mit seinem Mädchen. Oder fährt mit ihr ans Meer.
In den Sommerferien zeltet er mit zwei Freunden in Ahlbeck. In Ahlbeck wird er siebzehn und feiert.
Anfang September 1969 fängt die Schule wieder an. Der Schüler kommt in die 11. Klasse.
Am 13. Oktober schreibt er einen Brief.

An den Londoner Rundfunk!
Mit großem Interesse verfolge ich Ihre Sendereihe »Briefe ohne Unterschrift«. Ihre letzte Sendung vom 8.10.69 hat mich auch zum Schreiben angeregt. Besonders der

erste Brief hatte es mir angetan, der mich sehr amüsierte, auch wenn er nicht dazu gedacht war. Ich bin aber der Meinung, dass solche Briefe nutzlos sind, denn an Ulbrichts Privatkanzlei dürfte er kaum weitergewandert sein. Diese Herren dort werden den Brief gleich in den Papierkorb befördert haben. Ulbricht wird den Brief sicherlich nicht bekommen haben, sonst würde der gute Mann sicherlich schon längst an einem Schlaganfall verstorben sein.
Jetzt möchte ich aber ein anderes Thema aufgreifen. Ich bin noch Schüler und habe daher vielleicht nicht so den Durchblick, aber mich würde es doch interessieren, wie es kommt, dass dieser Staat sich so lange halten kann. Wenn man so mit den Leuten spricht, findet man doch kaum einen, der wirklich von diesem Staat begeistert ist. Ich kann mir diese Tatsache nur erklären, dass dies nur auf die Angst der einzelnen Bürger zurückzuführen ist. Die Eltern sagen, wenn ich allein wäre, würde ich schon etwas tun (denn den Mund allein aufmachen, genügt nicht), aber meine Kinder, die kann ich nicht auch noch gefährden. Der nächste hat Angst um seinen Beruf, sein Geld, der andere befürchtet, er bekommt keinen Studienplatz. Ich kann dann nur immer wieder einige Menschen im Nationalsozialismus bewundern, die trotz dieser Angst wider das Regime gekämpft haben. Ich hätte daher eine Bitte, dass andere Hörer hierzu ihre Meinung schreiben.
Es grüßt Sie herzlich ein Schüler.

Auch dieser Brief wird der Abteilung XX/2 übergeben.
Das »Vergleichsmaterial« liegt bereits vor.
Ein Schriftsachverständiger hat den ersten Brief untersucht.
Buchstabe A – Der Grundstrich und die Abschlussschleife sind durch einen rechtswendigen Aufstrich miteinander verbunden.
Buchstabe B – der untere Bogenzug wird meist nicht bis an den Grundstrich herangeführt.
Buchstabe I – dieses Schriftzeichen wird durch einen betont langen Anfangszug charakterisiert.
Ein Schriftsachverständiger untersuchte den zweiten Brief.
Buchstabe W – Das Mittelelement erreicht nicht die Gesamthöhe des Buchstabens und das Abschlusshäkchen wird abgestoppt.
Buchstabe f – bei einer Variante dieses Buchstabens wird der Grundstrich durch einen rechtswendigen Schleifenzug mit dem Abschlusselement verbunden.
Buchstabe z – das Oval beginnt mit einer Ausrollung.
Die Buchstaben im ersten und zweiten Brief stimmten mit denen in der Hausarbeit überein.
Die Briefe waren die »Tatschriften«, die Hausarbeit war die »Vergleichsschrift«.
Die Abteilung XX/2 hat den Schüler identifiziert.

Der Schüler ist ahnungslos.

Er schreibt einen Brief:

Sehr geehrter Mister Harrison!
Sie feiern im Londoner Rundfunk Brandts Ostpolitik – die freilich die beste für ihn ist, die er machen kann – aber Ergebnisse wird sie für uns doch nicht bringen.
Ich bin 17 Jahre alt, also in diesem Staat aufgewachsen und habe die ideologische Drillanstalt bis jetzt gut gemeistert. Aber glauben Sie nicht, dass das ein Vergnügen ist, ständig was anderes zu sagen, als man denkt. Ich habe aber nicht die Absicht, das im weiteren Leben so weiter zu machen.
Meine ehrliche Meinung ist, wenn uns hier was helfen kann, so ist es die Gewalt. (Ich meine die Gewalt im Inneren des Landes.) Sie mögen mir entgegenhalten, ein Gewaltakt ist stets mit Opfern verbunden. Aber wäre Hitler damals durchs Volk gestürzt worden, das Leben von Millionen von Menschen würde dadurch gerettet worden sein.
Goethe sagt in seinem »Götz von Berlichingen«, wir können sterben, mit uns darf nur nicht die Freiheit sterben.
Es grüßt Sie herzlichst ein Schüler.

Der Brief trägt das Datum 5. März 1970.
Diesmal mit einem Absender: Georg Büchner.

Am 19. März erhalten die Schüler der Erweiterten Oberschule Friedrich Ludwig Jahn die Aufgabe, folgende Frage kurz schriftlich zu beantworten:
»Welche Vorstellung habe ich persönlich hinsichtlich meines Berufes?«

Der Schüler schreibt:
»Etwa in der 10. Klasse fasste ich den Entschluss, Ökonomie zu studieren. Technik und Industrie nehmen in unserer Republik immer größere Ausmaße an. Mein persönliches Interesse liegt darin, in der Planung und Leitung unserer Volkswirtschaft tätig zu sein. Meine Vorstellungen gehen dahin, Aufträge zu erhalten, wie die Planung und Leitung unsrer Wirtschaft weiter verbessert werden kann. Dies liegt im Interesse jedes einzelnen Bürgers unserer Republik und im Interesse der ganzen Gesellschaft. Außerdem besteht heute noch die Aufgabe, das ökonomische System des Sozialismus vollständig in den örtlichen Staatsorganen anzuwenden und so eine Verbindung an den gesellschaftlichen Gesamtprozess zu schaffen. Hierin liegen im Wesentlichen meine Vorstellungen meines künftigen Berufes.«

Am 11. August 1970 feiert der Schüler seinen achtzehnten Geburtstag.
Am 31. August stehen morgens um 7.45 Uhr sieben Männer des Ministeriums für Staatssicherheit in der elterlichen Wohnung.
`Zu diesem Zeitpunkt lag B. noch im Bett. Er`

wurde aufgefordert, sich anzuziehen. Dieser Aufforderung kam er gleich nach.
Während der Festnahme verhielt er sich ruhig und befolgte unsere Weisungen.

Im Radio läuft »Daydream Believer« von den Monkeys.

B.: Karl-Heinz Borchardt.
Der schreibende Schüler aus Greifswald.
Die dritte leibhaftige Spur.

Siebzehn

Wladimir Iljitsch Lenin begleitet Harrison während seiner Fahrt nach Leipzig im März 1970, auf Plakaten rechts und links der wie gewohnt fast leeren Autobahn, auf Heckscheiben von Autos und in der Stadt, egal wohin er geht. In Restaurants, in Geschäften für Lebensmittel, für Unterwäsche, Küchengerät oder Möbel. Lenins Konterfei lehnt sogar an einem Ehebett. Harrison denkt, Von Lenin lernen, heißt liegen lernen.

Nach der Messe wird Harrison in London in dem Brief eines Jugendlichen lesen: *Wie schon gesagt wurde […], ist bei uns der 100. Geburtstag Lenins sehr aktuell. In unseren Schulen »hängt« Lenin hier und da (Wandzeitung). Es mag ja sein, dass Lenin Begründer des sowjetischen Sozialismus ist, aber was hab ich davon? Lenin mag es ja gut gemeint haben mit dem Sozialismus, den es seit 1917 in der UdSSR gibt. Aber die Weiterführung von einigen ausbeutenden sowjetischen Staatsfunktionären und deutschen »Arbeiterführern« wollte Lenin bestimmt nicht auf diese Art und Weise.*
Auf der Messe in Leipzig spürt Harrison weniger die Begeisterung für den bevorstehenden 100. Geburtstag des Revolutionsführers, als vielmehr die Hoffnung auf den 19. März. Es ist der Tag, an dem Willy Brandt als erster deutscher Bundeskanzler zu Gesprächen mit Willi Stoph, dem Ministerpräsidenten der DDR, nach Erfurt reist.

Am 19. März ist Harrison längst wieder in London, obgleich er viel lieber in Erfurt gewesen wäre.
Er telefoniert mit Johnson.
Er sagt: »Auf meinem Friedhof fand vor ein paar Tagen eine Vampirjagd statt. Mindestens hundert Leute machten mit. Unter der Leitung eines Vampirexperten. Mr. Blood!«
»Über dem Eingang des Bahnhofs in Erfurt«, sagt Johnson, »hing eine Banderole: Die DDR ist der deutsche Staat des Friedens und des Sozialismus.«
»Mit Symbolik kennen die sich aus«, sagt Harrison.
»Vor dem Bahnhof standen schon Hunderte und riefen ›Willy, Willy‹«, sagt Johnson.
Harrison sagt: »Willy mit y statt Willi mit i.«
Johnson sagt: »Vor dem Gipfeltreffen fanden im grauen Gebäude des Ministerrates in Ostberlin vorbereitende Gespräche statt. Vor dem Gebäude standen vielleicht sechs westliche Journalisten. Unweit parkten die Mercedes, die die fünf Delegierten der Bundesregierung über den Kontrollpunkt Heinrich-Heine-Straße nach Ostberlin gebracht hatten. Neben den Mercedes parkte ein schwarzer Tatra. Darin hatten es sich vier ostdeutsche Polizisten bequem gemacht. Von der ostdeutschen Bevölkerung war nicht viel zu sehen, nur ein paar Passanten. Ich dachte, die sprech ich mal an.«
»Hast du?«
»Ja.«
»Wie?«
»Ich sagte zu dem Mann: Eine Frage.
Mann: Bitte sehr.

Ich bin von der BBC London. Wissen Sie, was hier stattfindet?
Der Mann: Jaaa.
Was denn?
Mann: Die Vorbesprechung für das Treffen zwischen Stoph und Brandt.
Und, was sagen Sie dazu?
Mann: Ich begrüße es, dass sich wieder mal in Deutschland zwei Regierungschefs treffen.
Glauben Sie, dass daraus was wird?
Mann: Ich finde es gut, dass das Treffen überhaupt stattfindet, um die Atmosphäre zu verbessern.
Ist die Atmosphäre schlecht?
Mann: Na ja, die Beziehung zwischen den beiden deutschen Staaten war bisher nicht sehr glücklich.«
»Ach was«, sagt Harrison.
Johnson sagt: »Ich war immer schon der Meinung, dass man eines Tages normale Beziehungen mit Ostberlin pflegen müsse.«
»Normal!«, sagt Harrison.
Johnson sagt: »Den anderen fragte ich, Was erwarten Sie von dem bevorstehenden Gipfeltreffen?
Mann: Man hätte sich über diese grundsätzlichen Fragen schon lange vorher unterhalten müssen.
Wie wird der Ausgang sein, was glauben Sie?
Mann: Der Ausgang hängt wesentlich davon ab, wie sich die Vertreter der westdeutschen Bundesregierung zu unserem Vorschlag verhalten werden.
Hängt es nicht eher von den Vertretern Ihrer Regierung ab?

Mann: Na ja, das kann man natürlich schlecht mit Ja beantworten.
Mit Nein schon?
Mann: Na ja, wir müssen als gleichberechtigte Partner verhandeln. Das setzt voraus, dass man also nicht mit Vorbedingungen kommt. Zum Beispiel in der Frage zwischenmenschlicher Beziehungen oder was weiß ich.«
Johnson sagt zu Harrison: »Der sagte auch, dass es zunächst erst mal um Gewaltverzicht ginge, was die SED mit Recht ablehne, solange die Bundesregierung nicht die Vorleistung der vollen völkerrechtlichen Anerkennung erbringe, was ja bestimmt nicht geschehen werde, weil es dann nicht mehr um Verhandlungen ginge, sondern lediglich um einseitige Forderungen.«
»Die Alliierten haben mehr als nur einen Finger im Teig«, sagt Harrison.
»Das«, sagt Johnson, »hat Brandt gesagt.«

Einer schreibt an Austin Harrison, mit der Bitte, den Brief an Willy Brandt weiterzuleiten:

Lieber Herr Willy Brandt!
Schwerbeladenen Herzens drängt es mich, Ihnen einiges zu schreiben. So sehr wie ich, so sehr wie viele andere meiner Mitbürger Sie verehren, so unbegreiflich & unfassbar ist für uns, dass Sie des Willens sind, diesem furchtbaren Unrechtsstaat DDR, der doch ein buchstäbliches Zuchthaus seiner Insassen-Bürger ist, anzuerkennen. Lieber Herr Brandt, glauben Sie denn wirklich ernsthaft, dass Sie dadurch für uns Bürger

auch nur den geringsten Schritt auf Freiheit aus unserem Zuchthaus erreichen können? Dies ist doch ein riesengroßer Irrtum Ihrerseits. Wir glauben es Ihnen wohl alle, dass Sie etwas Gutes für uns erreichen möchten, doch bitte glauben Sie es auch uns, Sie werden aber auch gar nichts & Null-Komma-Nichts mit diesen bösen, heuchlerischen, falschen & listigen Barbaren in Ostberlin, in Ihren Verhandlungen erzielen.

Harrison begrüßt Brandts Politik, aber er sagt auch, die DDR gehöre zur Bundesrepublik.

Harrison liest:

Mein Herr!
Ich hörte Ihre Antwort auf mein Schreiben. Mit der Bemerkung, die DDR gehöre zum Bonner Staat, haben Sie Kalter Krieger sich vor aller Welt blamiert. Es ist der ganzen Welt bekannt, dass es seit der Spaltung Deutschlands durch Adenauer mit Unterstützung der 3 Westmächte Amerika, England und Frankreich zwei deutsche Staaten gibt. Selbst Herr Brandt spricht von zwei deutschen Staaten. […] Wir wissen, mit welchen Schwierigkeiten Herr Brandt im eigenen Land zu kämpfen hat. In der Debatte im Bundestag über das Gespräch in Erfurt sagte Herr Barzel: Nach den Pariser Verträgen haben die 3 Besatzungsmächte in Westdeutschland ein Mitspracherecht und würden eine Anerkennung der DDR nicht zulassen.

Jemand schreibt:

So habe auch ich mich einmal dazu entschlossen, meine Meinung zu sagen. Es betrifft vor allem die Ostpolitik der neuen Bundesregierung, die ich, meine Freunde und Bekannten mit Missvergnügen, ja mit tiefer Sorge verfolgen. Als im Herbst v. J. die kleine Koalition zustandekam, da schrieb ich an meine Verwandten in der Bundesrepublik nur »Eure neue Regierung ist eine Katastrophe für das ganze deutsche Volk.« Denn diese SPD ist nicht mehr die gleiche von 1966, die damals zum Redneraustausch antreten wollte, stolz, unerschrocken und mit richtigem Einschätzungsvermögen der Gegenseite! Nein. Diese SPD ist zur schwächlichen Anbiederungspartei herabgesunken und passt nun allerdings zu ihrem schon lange unser Missfallen erregenden Koalitionspartner, der lächerlichen 5% Partei, der FDP.

Fielen am 19. März noch gelegentlich Regen, Schneeregen oder Graupel, lagen die Temperaturen nachmittags bei sechs Grad, nachts nahe null, gab es örtlich geringen Bodenfrost, so ist zwei Monate später, im Mai, beim zweiten Treffen zwischen Brandt und Stoph in Kassel, lediglich das Wetter besser.

Einer schreibt:

Nachdem das Kassler Treffen nun ergebnislos verlaufen ist, steht nunmehr das Signal wieder auf Rot, vielleicht auch für immer. […] Es muss einem das Lachen und Weinen ankommen, wenn man die Bonner Politik verfolgt. Ist man in der Deutschlandfrage keinen Schritt vorangekommen, wird das auch in Zukunft nicht anders werden. Wenn man in Bonn immer noch an die Wiedervereinigung glaubt, dann glaubt man auch noch an den Klapperstorch. Das Kuratorium Unteilbares Deutschland kann man getrost in ein Krematorium verwandeln.

Einer, dessen Brief abgefangen wurde:

Glaubt eigentlich ein Einziger im DFF, dass seine Propaganda, die von Lügen, Entstellungen und Verdrehungen nur so strotzt, von den Zuschauern für bare Münze genommen wird? Für wie blöde hält man uns eigentlich?

Wir haben die Willy-Brandt-Rufe von Erfurt gehört (die uns der DFF diskret verschwieg) und wir haben auch die Rufe von Kassel gehört. Im übrigen wollen wir deutsche Gespräche. Wir wollen Verständigung, und wir wollen vor allen Dingen unsere Verwandten besuchen können. Nicht die Anerkennung, sondern vorstehende Probleme müssen von uns gelöst werden, wenn Verständnis für übrige Probleme aufkeimen soll. Den Schwarzen Mann, zu dem die DDR deklariert wird, glaubt ohnehin keiner mehr, denn dazu wird zuviel geredet. Im übrigen – wenn wir das Bild des Westfernsehens empfangen, wollen wir auch den Ton hören, oder sollte der nicht auf der Linie gelegen haben?

Einer, dessen Brief die BBC erreicht:

Lieber Herr Harrison!

[...] Geben Sie diesen Brief, so wie er von uns von der Leber geschrieben ist, bitte weiter an Gerd Ruge, der eine Nummer beim Fernsehen in Bonn ist. Er soll das nämlich in die Wege leiten.
Lieber Herr Ruge! Rätsel: Was ist in der Ostzone am Sonntag paradox? Wenn das Mittagessen mit dem »Frühschoppen« eingenommen wird und bei letzterem kein Finger gerührt wird. [...] Wir hörten, dass Sie am Fernsehen eine Nummer sind. Also müssen Sie antreten. Wir in der Zone haben seit Jahren einen Freund, der Großeltern, Eltern Woche für Woche besucht, sich um uns kümmert. [...]
Bitte hören Sie den Londoner Rundfunk, Freitag Abend 20:15 Mittelwelle, Sonnabend früh 5:15 h Mittelwelle Briefe von Herrn Harrison. Wer diese Sendung hört, weiß Bescheid und kennt uns wie seine Westentasche. Aber weil wir nicht die Möglichkeit haben, diesen unseren größten Wohltäter einmal zu sehen, bitten wir Sie, dafür zu sorgen, dass Herr Harrison im Westfernsehen erscheint. Und nicht so nebenbei, sondern in der Tagesschau, dass ein jeder, ob alt oder berufstätig oder Schüler, ihn einmal sehen kann.

Im Frühschoppen ist nicht Austin Harrison zu sehen, sondern Peter Johnson.
Jemand schreibt:

Er hat mir so gut gefallen in seinen einfachen, knappen Äußerungen, die das Konkrete, das sich in Kassel abspielte, mit wenigen Worten sagte. Willy Brandt hat alles angeboten, sagte er, und von der anderen Seite kam nur eine unwandelbar harte Forderung.

Im November wird Peter Johnson vom RIAS in die Sendung »Rundschau am Abend« eingeladen.
Johnson telefoniert mit Harrison und sagt, was er gesagt hat.
»Ich erinnere mich, als ich das erste Mal nach Deutschland als Auslandskorrespondent kam, 1955, nach Bonn, sprachen einige wenige Leute über die Anerkennung der DDR, aber solche Leute waren damals als Phantasten angesehen, oder als ganz unrepräsentativ. Und jetzt, in diesen fünf Jahren, glaube ich, ist vor allem mehr Realismus eingetreten in dem Verhältnis zwischen den beiden Deutschlands, und dass wir jetzt an einen Punkt gekommen sind, wie die BR wirklich viel Realismus gezeigt hat, und jetzt in diesen kommenden Monaten müssen wir sehen, ob die SED, die DDR ebenso viel Realismus zeigen wird, um zu einem Abschluss der jetzt laufenden Verhandlungen zu kommen.«
Harrison fragt: »Herrscht drüben nicht nach wie vor der alte Dogmatismus?«
Johnson sagt, und das sagte er auch in der Sendung: »Die Männer, die wir die alten Dogmatiker nennen, die wir nicht immer genau mit Namen kennen, aber es gibt ganz bestimmt eine Gruppe von Leuten, die nach 25 Jahren Nicht-Anerkennung mehr oder weniger pathologisch geworden sind, wenn sie das Wort Westdeutschland hören, und deshalb immer in ihrer alten Denkweise reagieren, auch wenn eine neue Regierung in Bonn etwas Neues versucht, und das

alles als einen Trick ansieht, um die DDR zu unterminieren und deshalb versucht, wenn sie kann, diesen Prozess zu torpedieren, dass es beim alten bleibt und dass man diesen Bonner Buhmann, den man so lange hat, diese militaristische, revanchistische BR behalten will.«

»Brandts Entspannungspolitik ist auch in der Bundesrepublik heftig umstritten«, sagt Harrison. »Mit der Akzeptanz der Oder-Neiße-Grenze betreibe er den ›Ausverkauf deutscher Interessen‹, tönt es von konservativer Seite.«

Johnson sagt: »Der innerpolitische Streit ist eine Zerreißprobe.«

Achtzehn

Ich saß im Zug, blickte aus dem Fenster auf hellgrün-graubraune Äcker. Auf einem Acker schwammen Schwäne. Vielleicht ahnten sie die See.
Die Hochstände waren leer, die Schatten lang.
Der Mann mir gegenüber sah mich an, als wollte er meine Gedanken lesen.
Ich dachte, Miss Marple hatte gesagt, sie sei natürlich im Nachteil, weil sie sich nicht auf dem Schauplatz befinde.
An Schauplätzen habe ich mich auch nicht befunden. Das machte nichts. Ich hielt mich an das, was Sir Henry Clithering über Miss Marple gesagt hatte: Man solle niemals ältere Damen verachten. »Sie können einem oft sagen, was hätte geschehen können, was hätte geschehen müssen und sogar, was tatsächlich geschehen ist.«
Der Zug näherte sich Greifswald. Ich wollte Karl-Heinz Borchardt treffen, ihn fragen, damit ich aufschreiben konnte, was tatsächlich geschehen ist.

»Die Türen des Wagens waren von innen nicht zu öffnen. Mit mir waren drei Männer. Ich glaube, ich saß hinten rechts«, sagte Karl-Heinz Borchardt.

Er hat keine Ahnung, was die Männer von ihm wollen.
Er hat keine Ahnung, wohin die Fahrt geht.
Er ahnt nur, nicht nach irgendwo in Greifswald, dafür dauert die Fahrt zu lang.

Die Fahrt geht nach Rostock, in die August-Bebel-Straße. Wüsste er das, würde er sich wundern, dass der Ort, an den er gefahren wird, in einer Straße dieses Namens ist.
An dem Ort wird zum ersten Mal gesagt: »Festnahme«.
»Dann kam ich in ein Kabuff«, sagte Karl-Heinz Borchardt.
Das Kabuff ist einen Quadratmeter groß, ohne Fenster.
»Dort musste ich warten.«
Er muss sich nackt ausziehen.
»Ich wurde durchsucht.«
Er muss seine Sachen abgeben.

```
1 Jacke, blau
1 Hose, braun kariert
1 Hemdpullover, gelb mit kurzem Ärmel
1 Turnhemd
1 Unterhose, kurz
1 Paar Socken, kurz
1 Taschentuch
1 Paar Halbschuhe, braun
1 Armbanduhr mit Kalender Marke GLASHÜTTE,
Nr 164730 mit Lederarmband.
```

»Meine Sachen wurden durchsucht.«
Er soll sich waschen.
»Ich bekam einen Trainingsanzug.«
Die Verpflegungsart wird bestimmt, er wird »eingewiesen« in einen »Verwahrraum mit fließendem Wasser und Spültoilette«.
Eine Einzelzelle.
Das Fenster milchige Glasbausteine, das Bett eine Pritsche, an der Wand ein Tisch zum Hochklappen, an der

Wand auch eine eingemauerte Ablage für den Zahnputzbecher.

Die Tür schlägt zu. Da steht er, achtzehn Jahre alt, allein, am letzten Tag seiner Sommerferien.

»Es ging alles so schnell, ich fühlte mich total überrumpelt«, sagte Karl-Heinz Borchardt.

So soll er sich auch fühlen, im ersten Verhör um 11 Uhr, nur drei Stunden nach der Verhaftung.

Frage: Welche Verbindungen unterhalten Sie zu westlichen Einrichtungen, Dienststellen oder Organisationen?

Antwort: Ich unterhalte keinerlei Verbindung zu derartigen Organisationen und Einrichtungen.

Frage: Dem Untersuchungsorgan ist hinreichend bekannt, dass Sie Verbindungen zur BBC London unterhalten. Machen Sie darüber wahrheitsgemäße Aussagen!

Frage: Seit wann sind Sie Hörer der BBC London?

Frage: Sagen Sie über den Umfang der von Ihnen an die BBC London gesandten Briefe aus!

Karl-Heinz Borchardt ist nun nicht mehr ahnungslos.

Er sitzt auf einem Stuhl in der Ecke. Die Hände unter dem Gesäß.

Vor ihm steht ein Mann.

Der Mann packt ihn.

Der Mann sagt: »Sie wissen, was das hier bedeutet? Prozess, Knast und dann schipp schipp hurra, Borchardt.«

Der Mann ist klein.

»Er hatte den Spitznamen der kleine Muck«, sagte Karl-Heinz Borchardt.

Der kleine Muck lässt nicht von ihm ab.

Frage: Warum traten Sie mit der BBC London in postalische Verbindung?

Der kleine Muck schreibt Sätze ins Vernehmungsprotokoll, die nicht die Sätze des achtzehnjährigen Schülers sind.

Antwort: Mit meinen Briefen wollte ich die gegen die DDR gerichtete Sendereihe „Briefe ohne Unterschrift" der BBC London unterstützen und erreichen, dass meine dargelegte politisch negative Einstellung zur DDR durch den Londoner Rundfunk verbreitet wird.

Frage: Welchen Inhalt hatten die an die BBC London gerichteten Briefe.

Frage: Sagen Sie zum Inhalt des zweiten Briefes aus.

Frage: Warum haben Sie sich in den an die BBC gerichteten sogenannten Hörerbriefen gegen die Staats- und Gesellschaftsordnung der DDR und gegen die Hilfsmaßnahmen der sozialistischen Länder für die ČSSR ausgesprochen?

Antwort: Durch die Ereignisse in der ČSSR vor dem 21.8., die ich intensiv durch die imperialistischen Rundfunkstationen wie z. B. Rias und Londoner Rundfunk verfolgte, bin ich ein Anhänger des sogenannten „demokratischen Sozialismus" geworden. Eine Konterrevolution sah ich in den Ereignissen in der ČSSR nicht.

Karl-Heinz Borchardt sagte, er hätte es so gesagt: »Der Entschluss an ›Briefe ohne Unterschrift‹ zu schreiben, kam eindeutig durch den Einmarsch der Warschauer Pakttruppen in Prag. Es war ein spontaner Entschluss. Prag war ein emotionales Erlebnis. Mein Vater lag zu der Zeit in Stralsund im Krankenhaus, und auf der Rückfahrt von Stralsund nach Greifswald habe ich gehört, dass die Russen mit den Panzern mehrere Tschechen überfahren hätten. Später kam die Sache mit Jan Palach, dem tschechoslowakischen Studenten, der sich aus Protest gegen die Niederschlagung des Prager Frühlings am 16. Januar 1969 auf dem Wenzelsplatz in Prag verbrannt hatte. Ich habe die letzten Sendungen von Radio Prag gehört, bevor sie abgeschaltet wurden. Dadurch ist der Wunsch entstanden, an ›Briefe ohne Unterschrift‹ zu schreiben.«
Die erste Vernehmung dauert von 11 bis 13 Uhr, von 14.25 bis 15.15 und von 16.30 bis 20 Uhr.

Am nächsten Tag muss er ein Formular unterschreiben. Darauf in fetten Buchstaben: Strafsache.
Er schreibt auch: »Ich bitte meine Eltern zu benachrichtigen, dass ich mich in Untersuchungshaft befinde.«

»Danach haben sie mich schmoren lassen.«
In einer Zweimann-Zelle. Das andere Bettgestell war leer.
»Da macht man das, was man so in Einzelhaft macht.«
Er fängt an, die Karos des blau-weiß karierten Bezugs der Wolldecke zu zählen. Er rekapituliert Quadrat- und Kubikzahlen. Er rechnet die Karos hoch.

Er denkt an sein Mädchen. Wie gern wäre er jetzt mit ihr am Meer und tanzte.
Er läuft. Vier Schritte vor, vier Schritte zurück.
»Hinlegen am Tag war verboten«, sagte Karl-Heinz Borchardt. »Das hätte die Konzentrations- und Widerstandsfähigkeit stärken können.«
Er weiß nicht, wann es weitergeht.
Wie es weitergeht.
»Ich hätte beinahe gesagt, nach der ersten Vernehmung sehnt man sich nach der zweiten«, sagte Karl-Heinz Borchardt.
Ihm ist, als wäre er im Nichts gelandet. Ein Halbsatz von Stefan Zweig fällt ihm ein: »denn bekanntlich erzeugt kein Ding auf Erden einen solchen Druck auf die menschliche Seele wie das Nichts.«
Auf der Pritsche, die leer ist, ist ein Schachbrett ins Holz geritzt. Er fängt an zu spielen. Im Kopf. Zug um Zug.
Ihm hätte auch einfallen können: »Indem man uns jeden einzeln in ein völliges Vakuum sperrte, [...] sollte statt von außen durch Prügel und Kälte jener Druck von innen erzeugt werden, der uns schließlich die Lippen aufsprengte.«
Nach dem 4. September ist er nicht mehr allein. Er kommt zu einem anderen auf die Zelle und fängt an zu reden. Der andere ist ein dankbarer Zuhörer.
Am 11. September geht es mit den Vernehmungen weiter. Von 8 bis 13 Uhr.
Und am 14. September. Von 8 bis 11 Uhr.

Anfang September schon hatte der Vater vom Staatsanwalt Severin erfahren, dass sein Sohn des Staatsverbrechens – Kontaktaufnahme – angeklagt würde. Severin hatte dem Vater mitgeteilt, dass er seinem Sohn einmal monatlich dreißig Mark für persönliche Zwecke mittels Postanweisung schicken dürfe. Dreimal monatlich dürfe der Sohn schreiben. Und er an seinen Sohn.
Noch am selben Tag hatte der Vater »Sprecherlaubnis« beantragt.

Am 14. September darf Karl-Heinz Borchardt zum ersten Mal an seine Eltern schreiben.
Er fängt an: »Heute wurde es mir genehmigt, ein paar Zeilen an Euch zu schreiben.«
Er gratuliert seiner Schwester zum Geburtstag. »Ich hoffe, sie hat keine Schwierigkeiten.«
Briefe aus der Untersuchungshaft sind in DIN-A-5-Format, das Papier liniert für 19 Zeilen. Oben ein Stempelaufdruck: PÄCKCHEN UND PAKETE SIND NICHT STATTHAFT.

Am 19. September wird den Eltern schriftlich in Aussicht gestellt, dass sie ihren Sohn am 23. September besuchen dürfen.

Am 23. September wieder Vernehmung, von 8.30 bis 13 Uhr, und am 29., von 8 bis 10 Uhr, von 12 bis 13 Uhr und von 13.30 bis 17.30 Uhr.
Am selben Tag noch Besuch. Von den Eltern.

Eine Woche später schreibt der Vater an den Vorsitzenden des Verfassungs- und Rechtsausschusses der Volkskammer der DDR, Herrn Prof. Dr. Weichelt:
»In großer Sorge um meinen Sohn wende ich mich an Sie! Am Tage der Festnahme bemühte ich mich bei der hiesigen Kreisdienststelle, den Grund der Festnahme zu erfahren. Hier erfuhr ich lediglich, dass mein Sohn nicht in Greifswald, sondern in Rostock ist. Am 1.9. war ich in Rostock und sprach dort bei dem Staatsanwalt des Bezirks Herrn Severin vor. Der Untersuchungsführende, der unserem ersten Beisammensein beiwohnte, betonte, die Anstalt sei kein Sanatorium. [...] Mein Sohn erwähnte ferner, dass sie nicht nach draußen an die Luft kämen. Er besitzt keinen Bleistift, geschweige denn ein Blatt Papier, um sich zu beschäftigen. Ich betone nochmals, es handelt sich im Falle meines Jungen um einen Schüler.
Ich bitte, mein Schreiben nicht als Beschwerde, sondern als Eingabe im Sinne des Staatsratserlasses zu betrachten. Ferner hoffe ich sehr, dass durch meine Kritik meinem Sohn keinerlei Nachteile in seiner Behandlung in der Anstalt widerfahren.
Wenn ich diese Zeilen schrieb, so tat ich es in der Absicht, meinem Sohn in irgendeiner Form zu helfen und um einem besorgten Vaterherzen Luft zu verschaffen. Mit dem Ausdruck vorzüglicher Hochachtung!«
Vom Sohn habe er auch erfahren, schrieb er noch, dass ihm kein Gruß ausgerichtet worden sei, er von den dreißig Mark nichts gesehen hätte, und die Verpflegung seiner Ansicht nach schlecht sei.

Den Brief erhält die Abteilung XIV. Die Abteilung XIV ist für das Gefängniswesen des Ministeriums für Staatsicherheit zuständig. Der Leiter, Major Schulze, schreibt:

Der Vater des U-Gef. B. scheint sich über das Wesen einer Untersuchungshaftanstalt in keiner Weise klar zu sein. Die Isolierung des Inhaftierten und die Verhinderung jeglicher Verbindungsaufnahme sind doch grundsätzliche Voraussetzungen für eine schnelle Untersuchungsführung; daher erhält B. auch kein Papier und keinen Bleistift. Nach den in der DDR geltenden Gesetzen ist jeder Bürger über 18 Jahre volljährig, also kein Schüler mehr im allgemeinen Sinne des Wortes. Der Vater hätte das früher beachten sollen.

Am 30. September, vormittags und nachmittags wieder Vernehmung, und am 28. Oktober.

Dem anderen auf der Zelle erzählt Karl-Heinz Borchardt, wie es war, was er gesagt hat.

»Einmal waren wir mit der Schulklasse im Ernteeinsatz. Kartoffelernte. Auf dem Rückweg, zur Sendezeit von ›Briefe ohne Unterschrift‹, habe ich zu dem mit dem Kofferradio gesagt, er soll mal BBC anmachen.«

Der andere stellt ziemlich viele Fragen.

»Wie hieß'n der?«

»Ich bin auch in der Jungen Gemeinde.«

»Hat dich die Junge Gemeinde politisch beeinflusst?«
»Nein.«
»Hat von denen einer was gewusst?«
»Von denen hat keiner was gewusst.«
»Bist du dir sicher?«
»Ich weiß nicht mehr genau, ob ich von der Sache mit den Briefen anderen erzählt habe. Einem meiner Freunde habe ich, glaube ich, einmal erzählt, dass ich einen Brief geschrieben hatte.«
»Und wie hieß der?«

Nachdem die Vernehmungen abgeschlossen sind, darf Karl-Heinz Borchardt an die frische Luft. Allein läuft er im »Tigerkäfig«. Die Mauern drei Meter hoch, der Himmel zwölf Quadratmeter.
Am 26. Oktober 1970 unterschreibt er ein Geständnis.

Im Dezember kommt er in eine Sechsmann-Zelle.
»Jeder, der neu war, sollte Neues erzählen. Es durfte auch gelogen sein«, sagte Karl-Heinz Borchardt.
Zum Tagesablauf gehört das gemeinsame Wandern um den Zellentisch.
»Wir mussten ein gemeinsames Tempo finden.«
Gedichte werden aufgesagt.
»Dabei halfen wir uns gegenseitig.«
Ein ehemaliger Leutnant zu See ist auf der Zelle.
»Mit ihm arbeitete ich das Mathematikbuch der 12. Klasse durch.«
Sie spielen Theater.

»Der Empfang im Westen.«
Die Sechsmann-Zelle ist auch das Arbeitskommando. Reinigungsarbeiten und Schuften im Heizungskeller.
»Natürlich ohne Mundschutz. Nach Tagen haben wir noch Kohlestaub gehustet.«

Im Dezember heißt es auf einmal: »Borchardt mitkommen.«
Ihm werden Handschellen angelegt. Er wird aus dem Gebäude in den Hof geführt. Er soll in einen Wagen steigen. Die Fahrt bis zur Uniklinik in Rostock-Gehrsdorf dauert vielleicht eine Viertelstunde. In der Kinder-Neuro-Psychiatrie wird ein psychiatrisches Gutachten erstellt.
B. wurde eine überdurchschnittliche Intelligenz bescheinigt. Aufgrund dieser und aufgrund seiner Anpassungs- und Steuerungsfähigkeit, d. h. also aufgrund seiner Persönlichkeitsentwicklung, hätte er die Gesellschaftsgefährlichkeit solcher Handlungen erkennen und dementsprechend handeln müssen.
Die Schuldfähigkeit hält der Gutachter für gegeben. Für einen Ausschluss oder eine Minderung der strafrechtlichen Verantwortlichkeit nach den Paragrafen 15 und 16 des StGB ergeben sich laut Gutachter keine Anhaltspunkte. Diese beiden Paragrafen betreffen die Frage der Zurechnungsfähigkeit.

Karl-Heinz Borchardt sagte: »Die Untersuchung selbst war ein bisschen irrsinnig. So hielt mir der Gutachter zum Beispiel ein leeres Blatt Papier hin. Ich sollte vorlesen, was darauf stand.«

Neunzehn

Während die Welt für Karl-Heinz Borchardt ein Gefängnis wird, wird sie für Treharne Jones, den jungen Journalisten aus England, weit und faszinierend.

Treharne Jones bekommt eine Military Identity Card.

Treharne Jones wird der neue Vertreter der BBC in Berlin, weil Peter Johnsons Amtszeit endet und er kein Interesse hat, noch ein weiteres Jahr in Berlin zu verbringen.

»Sie werden täglich das ›Neue Deutschland‹ lesen müssen«, sagt er zu Jones, »die langweiligste Zeitung der Welt.«

Von Peter Johnson bekommt Treharne Jones eine Liste mit Namen.

»Ein paar Kontakte in Ostberlin«, sagt Johnson.

Auf der Liste die Namen von Karlheinz Schädlich, dem Onkel, und von Rudolf Harnisch.

Auch Harrison hat Treharne Jones empfohlen, Harnisch zu kontaktieren. Harrison hält Harnisch für einen vertrauenswürdigen Mann.

»Behandeln Sie ihn anständig«, hat Harrison gesagt.

Peter Johnson sagt zu Jones: »Den können Sie ohne Weiteres aufsuchen. Ein interessanter Mann. Journalist.«

Journalist?, denkt Jones. In der DDR!

Jones mag jung sein, naiv ist er nicht.

Auf der Liste auch der Name von Dr. Hans Joachim Bunge, Regisseur, Dramaturg, Autor. Bunge arbeitet am Theater. Bunge kennt Hinz und Kunz in der DDR. Bunge kennt auch Engländer und Franzosen.

Halt!
Der Kontakt von Karlheinz Schädlich zu Peter Johnson war über einen Bekannten zustande gekommen, hatte ich ganz am Anfang meiner Recherche gelesen. Erst jetzt erfuhr ich seinen Namen!
In der Wohnung von Hans Joachim Bunge also waren sich der Onkel und Johnson zum ersten Mal begegnet.
Der Onkel brauchte englische Literatur.
Johnson brachte ihm die Bücher.
Wie oft sich die beiden in den Jahren trafen, weiß ich nicht.

Bevor Peter Johnson im November 1970 nach London zurückgeht, nimmt er den jungen Treharne Jones am 5. 11. nach Ostberlin mit, zu einem Besuch bei dem in der DDR angesehenen Hörfunk-, Film- und Fernsehautor Hans-Albert Pederzani. Johnson und Pederzani waren sich vor etwa zwei Jahren im Restaurant Ganymed begegnet.
Pederzani kennt Künstler, Schriftsteller, Regisseure und Fotografen. Johnson pflegte den Kontakt zu Pederzani aus beruflichen Gründen, Pederzani aus anderen.

`Unangemeldet erschien der J. in Begleitung einer weiteren männlichen Person am späten Nachmittag des 5. 11. 1970 beim IM. Der Johnson erklärte, dass er jetzt seine Tätigkeit als Berliner Korrespondent der BBC beenden würde und nicht vergessen möchte, sich zu verabschieden. Bei dieser Gelegenheit wolle er auch gleich seinen Nachfolger Mstr. Jones (weiteres nicht`

bekannt) vorstellen und darum bitten, dass mit diesem in gleicher Weise ein vertrauensvoller Kontakt gepflegt werde.
Pederzani sagt zu Jones, er freue sich darauf, sich auch mit ihm zu treffen, so wie er sich mit Johnson getroffen habe. Zum Beispiel zu gemeinsamen Theaterbesuchen.
IM Golde ist zuverlässig in der Berichterstattung.

Anfang Januar 1971 klingelt bei Bunge das Telefon. Mister Jones sagt, wer er ist und von wem er die Nummer hat. Bunge lädt ihn zu sich ein.
Am 19. Januar 1971 bekommt Bunge zum ersten Mal Besuch von Jones.
Zehn Tage später schreibt Bunge seine Verpflichtungserklärung: »Als Bürger der DDR halte ich es für meine Pflicht, alles dafür einzusetzen und mit allen Mitteln dafür zu arbeiten, dass die Position der DDR gesichert und gehärtet wird.«
Er wählt den Decknamen »Hans«.

Am Telefon hat Rudolf Harnisch Jones gefragt: »Essen Sie gerne Fisch?«
Am 25. März 1971 trifft Treharne Jones Rudolf Harnisch im Lukullus, in einem Fischrestaurant in der Französischen Straße. Sie sind für 14 Uhr verabredet.
Harnisch, der eine Prothese hat, sagt, er habe sein Bein bei Kämpfen 1941 in Russland verloren. Er sei Zugführer und Kompaniechef gewesen. Ab 1943 habe er das

Panzerversuchskommando des OKH an der Ostfront geführt, ab 1944 sei er Adjutant der Heeresversuchsstelle für Panzer in Kummersdorf gewesen.
Jones ist Kriegsromantik zuwider.
Harnisch sagt, der Krieg habe ihn gewandelt.
Jones sagt: »Ich habe vor einer Weile eine Kommunistin gefragt, ob in der DDR auch so viele Nazis gute Stellen haben? Ihre Antwort war, sie haben sich gewandelt. Ich fragte, von denen in der Bundesrepublik haben sich keine gewandelt? Sie sagte, Nein, sonst wären sie ja bei uns.«
Nach etwa einer Stunde verabschiedet sich Rudolf Harnisch von Jones. Mit Handschlag.

Hätte Jones Harnisch beschreiben sollen, dann so: Groß, grauer Haaransatz, Bauch. Höflich, intelligent, gesprächig, auffällig neugierig, ruhig, offen, sachlich.
Jones bezahlt, holt seine Jacke von der Garderobe, verlässt das Restaurant, geht zu seinem Wagen auf dem Parkplatz auf der anderen Straßenseite, legt ein Buch auf die Rückbank, entfernt sich noch einmal ein paar Schritte vom Wagen, `bückte sich und nestelte am Schuhband, wobei er um sich sah.`

Schon für April sind Treharne Jones und Rudolf Harnisch erneut verabredet, diesmal bei Harnisch.
Am 21. April stellt Harnisch vor dem Besuch des Engländers ein Tonbandgerät an.
Nach dem Besuch des Engländers macht sich Harnisch an die Abschrift.

Betreff: Mister Jones
1. Zum Problem der Blockparteien.
Den Bericht über die Lage der NDPD, schreibt Harnisch, habe er J. gegenüber angedeutet, könne er ihm erst Ende Mai geben, da er erst Anfang Mai eine Zusammenkunft mit Freunden aus dem Parteivorstand habe. Erst danach könne er ganz aktuell schreiben.
Er habe den Eindruck, Harrison habe Jones informiert, dass er als Schriftsteller und Journalist tätig sei.
Auf J.'s Fragen reagierte ich ausweichend.
Zu der Frage der »Effektivität des Journalisten« könne er keine inhaltlichen Angaben machen.
Er habe allerdings einige kritische Bemerkungen zum Stil der Sendungen der BBC gemacht. So gab ich ihm eine Einschätzung zur Sendung ›Briefe ohne Unterschrift‹, dass das nicht die echten Probleme sind, die die Menschen in der DDR bewegen.
Über den Film »Die Rote Kapelle« habe Jones zum Ausdruck gebracht, es zeuge für ein »totalitärisches Regime« von großem Mut, wenn ein solcher Film in der Öffentlichkeit gezeigt würde, denn der Film rufe ja zum Handeln gegen ein System auf, das »unhumanistische und diktatorische Elemente ausweist«.
An Details zum »Thema Stauffenberg« könne er, Harnisch, sich nicht erinnern.
Aber, Jones brachte das Gespräch auf den Flughafen Schönefeld. Er sagte, dass er zwar vor einigen Jahren mal dort draußen gewesen sei, und gebrauchte in diesem Zusammenhang

die Bezeichnung Kartoffelacker. Als ich mich doch dagegen verwahrte, dass es ein moderner Flugplatz sei, machte J. eine Art Rückzieher und sagte, dies sei nicht seine Einschätzung gewesen, sondern die von Kollegen. J. zeigte sich informiert über die Kapazität des beabsichtigten Ausbaus vom Flughafen Tegel. Bei diesem Vergleichen schätzte er ein, dass Schönefeld im Vergleich zu Tegel immer noch eine sehr geringe Kapazität aufweise und schon von der Kapazität her kein ernstzunehmender Großflughafen sei.

Zur »Frage der Denkungsweise in der DDR« sei Jones im Gespräch immer wieder von seiner Meinung ausgegangen, dass die Bevölkerung der DDR in ihrem geistigen Streben, ihrem Kulturleben, ihren Wünschen nach zukünftiger Gestaltung doch mehr zum Stil der westlichen als zum Stil der sozialistischen Länder neige. Solche Tendenzen in der Fragestellung konnte ich übrigens auch in den Gesprächen mit Harrison feststellen.

Zum »Problem der Intelligenzabschaffung«, schreibt Harnisch, sei das Problem, so weit er sich erinnere, nicht unter diesem Titel erörtert worden. Sondern wir sprachen wohl von einer gewissen Abwertung der intellektuellen Tätigkeit in der DDR, vor allem auf künstlerischem Gebiet.

Zusammenfassend, schreibt Harnisch, habe das Gespräch mit Jones einen konspirativen Charakter gehabt.

Harnischs Vorschlag für das nächste Zusammentreffen:

Hotel Berolina.
Er unterzeichnet die Abschrift einmal mehr mit »Carolus Winter«.

Im April besucht Treharne Jones wieder Hans Joachim Bunge.
Kurz zuvor berät sich Bunge mit dem MfS und fragt, »ob unsererseits ein Interesse zur Nutzung dieses Kontaktes besteht«.
Auch im Mai meldet sich Jones bei Bunge an. Er will ihn am 13. um 16 Uhr besuchen.
Bunge hat an diesem Tag plötzlich im Theater zu tun. Er hinterlässt eine Nachricht auf einem Zettel an der Wohnungstür.

Bei Karlheinz Schädlich klingelt das Telefon.
Treharne Jones erwähnt Peter Johnson und Bunge. Fragt, ob er sich mit ihm treffen könne. Vielleicht passe es jetzt?
Karlheinz Schädlich sagt: »Okay. Looking forward to meeting you.«
Jones fährt zum Prenzlauer Berg in die Braunsberger Straße.
Sie sitzen in einem kleinen Zimmer und unterhalten sich auf Englisch. Über Jazz und Geheimagenten.
Karlheinz Schädlich sagt, mit Kim Philby habe er sich Briefe geschrieben, bei Baron zu Putlitz in Bad Saarow oft seine Nachmittage verbracht. Treharne Jones hört zu, interessiert und zunehmend skeptisch.
Karlheinz Schädlich erzählt von seinem Vater, in dessen Firma während der Nazizeit ein Buchhalter angestellt war.

Manchmal habe der Buchhalter, der eigentlich Tänzer war, auf einem Tisch Stepptanz zelebriert, um den Kindern zu imponieren.
»Der Tänzer, der eigentlich Buchhalter war, hat mit mir heimlich BBC gehört«, sagt Karlheinz Schädlich. »Mein Vater war in der NSDAP.«
Treharne Jones und Karlheinz Schädlich trinken Whiskey.
Karlheinz Schädlich raucht Pfeife.
Treharne Jones sieht einen Mann, von dem er denkt, dass der gerne Engländer wäre.
Karlheinz Schädlich erzählt seinem Bekannten Bunge, dass Jones nun bei ihm gewesen sei.
Er fragt Bunge, ob er Jones in Zukunft lieber meiden solle.
Bunge sagt: `Empfange ihn, um zu hören, was er will. Das hat mir das MfS auch geraten.`
Der Onkel und Hans Joachim Bunge. Two of a kind. Partners in crime.
Die Stasi notiert: `Hauptanliegen der Bearbeitung ist die Aufklärung und Liquidierung der feindlichen Stützpunkte der BBC-Mitarbeiter Harrison und Jones in der DDR.`

Austin Harrison hat vom MfS inzwischen einen Aliasnamen bekommen.
Austin Harrison `alias Thomson` ist für die Stasi der `Spezialist für politisch-ideologische Zersetzungsarbeit.` Beweis genug ist die Sendung »Briefe ohne Unterschrift«, in der die Kommentare von `ihm so ausgewählt und kommentiert werden, dass sie unter`

dem Deckmantel der Objektivität der Berichterstattung raffinierte, politische ideologische Zersetzungsarbeit darstellen.

Die BBC ist, für die Jäger besteht kein Zweifel, das Zentrum der geheimdienstlich gesteuerten psychologischen Kriegsführung, und so kann auch der junge Treharne Jones, 28 bis 30 Jahre alt, schlanke Gestalt, rötlich blondes langes Haar, hageres mittelvolles Gesicht; Bekleidung: dunkelgelbe Flauschjacke, lange dunkelblaue Hose, schwarze Schuhe, beigefarbenes Hemd, grellbunter Schlips, nur vom britischen Geheimdienst sein, dem Secret Intelligence Service, und wird zum Ziel.

Zwanzig

Ich hatte einen irrwitzigen Gedanken: Für den Leiter einer Abteilung des Ministeriums für Staatssicherheit drohte von überall Gefahr.

Der Leiter sah nur noch die drei gefährlichen Buchstaben, Briefeschreiber, Tatmaterial, Speichelproben, Blutproben, Wanzen, Kfz-Kennzeichen, eine Unzahl von Namen und Adressen, Straßennamen und Hausnummern, er hörte Stimmen mit englischem Akzent. Der Leiter hatte Leute, die ihm zur Seite standen, wenn er die Kontrolle behalten wollte.

Er sah Fotos von Harrison, die seine Leute gemacht hatten. Er las Beschreibungen von Harrison, die seine Leute gemacht hatten.

Er las in Briefen, die seine Leute abgefangen hatten.

> *Meine hochverehrte BBC! Meine hochverehrten Mitarbeiter der BBC. Lieber Herr! Sehr geehrter Londoner Rundfunk! Sehr geehrtes Bibissi-Team!!! Liebe Freunde.*

Er las:

> *Ich habe Ihre Sendung »Briefe ohne Namen« an einem Sonnabend das erste Mal gehört. Was mir daran gefiel war die Meinungsfreiheit und die Diskretion. […] Zu Ihrem Sender möchte ich nur sagen: Weiter so! Sie können gar nicht oft genug senden, denn die ideologische Beeinflussung ist bei uns so groß, so gut und so unverfroren frech lügend, dass viele Menschen verblödet*

werden und gar nicht die Wahrheit sehen. Aber trotz dieser systematischen ideologischen Beeinflussung sehen einige Bürger, ja viele Bürger die Wirklichkeit und daran haben Sie bestimmt Anteil.

Bln, 8.2.70
Sehr geehrte Herren!
Ich habe Eure Sendung letztes Mal durch reinen Zufall empfangen. Auf der Suche nach flotter Musik kamt ihr mir rein und ich hörte mir Eure Sendung bis zum Schluss an. Sie war sehr interessant. Ich konnte nur staunen. Ich möchte Euch danken für solche Sendung. Die Hauptsache ist, dass Eure Sendung nur auf Wahrheiten beruht und nicht auf Lügen. Wenn Ihr weiterhin ehrlich und offen bleibt, habt Ihr bald noch meine Freunde als feste Zuhörer. Und das sind nicht wenig. Und die Freunde sagen es dann weiter. […]

Oder:

Ich als Jugendlicher von nicht ganz 16 Jahren spüre bereits die schrecklichen Auswirkungen des russischen Kommunismus. Bei uns in Ostdeutschland wird der Sozialismus nach der Art Stalins aufgebaut. Man sagt uns oft, wir sollen ehrlich und offen unsere Meinung von uns geben, tut man dies aber und kritisiert den Sozialismus und die Missstände in unserem Staat, wird man, wo auch immer es ist, benachteiligt.
Wir als Schüler merken dies besonders, man versucht uns dann zu leistungsschwachen Schülern zu machen. Ich

persönlich merkte dies sehr stark. Wie in jedem Jahr feierten wir (meine Kameraden und ich) den Geburtstag des Führers. [...]

Um solche Angelegenheiten musste sich der Leiter der Abteilung später kümmern. Er hatte jetzt Wichtigeres zu tun.

Neuerdings hörte und sah er nicht mehr nur überall Harrison. Neuerdings sah er auch noch überall Treharne Jones.

Festgehalten wurde: 1971 reiste Treharne Jones 98mal mit seinen PKW mit den Kennzeichen YF 224 B und YF 227 B ein.

Die Einreisen gliedern sich nach Wochentagen wie folgt auf. Mo: 12x / Di: 8x / Mi: 22x / Do: 19x / Fr: 17x / Sa: 10x / So: 10x.

Treharne Jones fuhr mit seinem BMW nach Ostberlin, er ging ins Kino, in Kneipen und Restaurants, beobachtete, kam ins Gespräch, besuchte Leute. Er sammelte Eindrücke, wie Harrison, aber für »Brief aus Berlin«, eine Sendung, die er von Johnson übernommen hatte.

Treharne Jones lief unter der Rubrik »Feindtätigkeit«. »Hetzsendung« par excellence war für das MfS nach wie vor »Briefe ohne Unterschrift«, mit seinen »Hetzbriefen«, »Hetzlosungen«, »Hetzschriften«.

Die Stasi war sich sehr wohl bewusst, im Zeitalter von Rundfunk und Fernsehen konnte man ohne Gewalt wirken. Darum installieren die Nato-Staaten Rundfunkstationen. Um ihre Angriffe gegen die DDR, die marxistisch leninistische Kampfpartei, die

SED, gegen die Führung sowie gegen den politischen, ökonomischen und kulturellen Aufbau zu richten.
Im Sommer 1971 beschloss die Hauptabteilung XX darum: Das maximale Ziel, bestehe darin, die BBC zur Einstellung von ‚Briefe ohne Unterschrift', dieser die DDR in besonderem Maße diskriminierenden Sendung, zu zwingen.

Der Plan:

- Unter der Leitung von Major Buhl eine zeitweilige Vorgangsgruppe bilden.
- Oberstleutnant Herfurth (XX/2) und nach Möglichkeit ein oder auch zwei Mitarbeiter der Hauptabteilung XX/5 hinzuziehen.
- IM »Carolus«, Rudolf Harnisch, weiterhin zielstrebig zur Aufklärung [...] des Harrison und Jones in der DDR einsetzen und steuern.
- Einsatz von IM »Golde«, Hans-Albert Pederzani
- eine 3- bis 4-wöchige Beobachtung von Mister Jones bei seinen Einreisen in die ‚Hauptstadt der DDR' organisieren.
- die Verbindung Schädlich schwerpunktmäßig bearbeiten, und zwar zusammen mit der Hauptabteilung XVIII und Hauptabteilung XX/7.
- den Einsatz von IM organisieren und: unter den Verbindungen 1 bis 2 IM werben.
- Konspirative Wohnungsdurchsuchungen durchführen

- operativ-technische Mittel einsetzen, sprich Abhöraktionen
- die in Karteien und Unterlagen des MfS, der DVP und der Zollfahndung vorhandenen Hinweise auswerten
- zu allen Personen Hand- und Schreibmaschinenschriftproben beschaffen und mit der Tatschriftensammlung der HH/2 vergleichen.
- Zusammen mit der Hauptabteilung XX/7 die offiziellen Kontakte des Staatlichen Komitees für Rundfunk und Fernsehen zur BBC feststellen und deren Möglichkeiten zur Einflussnahme auf die BBC prüfen.
- Hand in Hand mit der Abteilung M eine maximale Kontrolle der Deckadressen der BBC gewährleisten, ehemals inhaftierte Schreiber oder noch inhaftierte dazu bringen, in unserem Sinne an die BBC zu schreiben.
- Material vorbereiten, um es der BBC zuzuspielen, um Erfolge bei der Aufklärung von BBC-Schreibern zu beweisen.
- Rücksprache mit der befreundeten Dienststelle über deren Möglichkeiten zur Unterstützung

Die befreundete Dienststelle war der KGB – der russische Geheimdienst.

Hinter jedem Irrsinn steckt System.

Am Ende steht immer das Wort »Liquidierung«.

Einundzwanzig

An einem Montag, im Oktober 1970, findet in der Erweiterten Oberschule Friedrich Ludwig Jahn eine FDJ-Versammlung statt.
Ohne Karl-Heinz Borchardt. Er fehlt seit sieben Wochen.
Die Versammlung findet statt `zur Einbeziehung der gesellschaftlichen Kräfte in das Ermittlungsverfahren gegen den Beschuldigten.`
Die »gesellschaftlichen Kräfte« sind neunzehn Schüler der 12. Klasse, der Klassenlehrer, der Parteisekretär und der Direktor der Schule. Alle neunzehn Schüler tragen blaue Hemden.
Anwesend sind auch drei Männer vom Staatssicherheitsdienst, einer aus Greifswald und zwei Männer aus Rostock.
Der FDJ-Sekretär eröffnet die Versammlung: Ich begrüße euch mit dem Gruß der Freien Deutschen Jugend: Freundschaft!
Die Schüler im Chor: Freundschaft!
Der FDJ-Sekretär zählt die Tagesordnungspunkte auf.

Ein Protokoll des Verrats.
Ob Karl-Heinz Borchardt das Protokoll je gelesen hat?
»Nach der Entlassung hat sich gezeigt, wer die wahren Freunde sind«, sagte er.

Nach der Begrüßung stellt der FDJ-Sekretär die Männer dem »versammelten Kollektiv« vor. Oberstleutnant Petzak

ergreift das Wort, erklärt, wer die Ermittlungen führt, er drückt es nur anders aus:
die im Ermittlungsverfahren mitwirkenden gesellschaftlichen Kräfte wie gesellschaftlicher Ankläger, gesellschaftlicher Verteidiger und Kollektivvertreter.
Petzak beschreibt die Persönlichkeit von Karl-Heinz Borchardt, als kenne er ihn am besten, sagt etwas über das, was der Schüler getan habe, die strafbaren Handlungen entsprechend den Untersuchungsergebnissen. Er zeigt die »Gesellschaftsgefährlichkeit« auf. Er spricht über westliche Radio- und Fernsehsender, nennt sie aber Rundfunkstationen in den imperialistischen Ländern, die Sendungen bezeichnet er als Angriffe gegen die DDR.
Petzak sagt: Der Beschuldigte hat mit seiner Tat die Geheimdienste in ihrem Kampf gegen die DDR unterstützt.
Er macht eine Bedeutungspause.
Wer gegen die gesellschaftlichen Verhältnisse in der DDR feindlich tätig wird, wird seiner gerechten Strafe zugeführt.
Manch einer im Raum nickt. Eifrig nicken der FDJ-Sekretär, der Klassenlehrer. Am eifrigsten der Direktor der Schule, Prof. Dr. Kliewe.
Schon bald nach der Verhaftung hatte Direktor Kliewe seine Schüler gewarnt: Einen zweiten Fall Karl-Heinz Borchardt wird es an meiner Schule nicht geben!

Petzak sagt: Genosse Bade, wie äußern Sie sich dazu?
Genosse Bade antwortet: Ich habe heute erst etwas Näheres zur Straftat des Borchardt gehört und muss doch sagen, dass ich sehr enttäuscht über das Verhalten meines Schülers bin. Ich kenne Karl-Heinz Borchardt seit dem 1. 9. 1967. Ich übernahm damals die 9. Klasse, der er auch angehörte, aber diese strafbare Handlung hätte ich ihm niemals zugetraut. Ich nahm an, ich hätte ein gutes Verhältnis zu Borchardt und auch zu seinen Eltern. Heute muss ich aber sagen, dass ich überhaupt nicht wusste, was in ihm vorging.
Karl-Heinz Borchardt sagte: »Es gab einmal den Vorschlag, als FDJ-Wahlen waren, mich zum FDJ-Sekretär zu machen. Da ist mein Klassenlehrer fast ausgerastet. Er wusste, dass ich aufmüpfig war, die meisten wussten das.«
Ein Schüler meldet sich zu Wort: Ich bin mit Karl-Heinz seit der 8. Klasse bekannt. Ich wusste über die politische Einstellung von Borchardt kaum etwas, da wir uns über solche Themen nicht unterhielten, nahm jedoch an, er hätte eine positive Einstellung zur DDR.
Dadurch war ich über seine Festnahme sehr erstaunt. Ich verachte seine Tat.
Ein zweiter Schüler sagt: Ich dachte auch immer, er hätte die gleiche positive Einstellung zur DDR wie ich. In seinen politischen Diskussionen

war er immer sehr kritisch. Er galt daher als Kritiker.
Karl-Heinz Borchardt sagte: »Im Unterricht hatten wir pedantische Lehrer. Eine Geschichtslehrerin vor allem. Immer wenn ich etwas vorlesen sollte und da stand Westdeutschland, habe ich Bundesrepublik Deutschland gelesen.«
Ich bin sehr enttäuscht über unseren Mitschüler Karl-Heinz Borchardt. Er war in politischen Fragen immer sehr aktiv. In Politinformation schien es mir immer so, als wenn er uns seine Fragen aufzwingen wollte und sich freute, wenn wir darauf nicht gleich eine Antwort fanden. Er hatte bei uns in der DDR alle Möglichkeiten und auch besonders das politische Grundwissen, um die politischen Zusammenhänge zu erkennen. Deshalb ist seine Tat verwerflich, sagt eine Schülerin.
»Wir hatten ein Fach, das nannte sich Wissenschaftlich Praktische Arbeit. Wir sollten in der Praxis schnuppern. Wir hatten jemanden von der Reichsbahndirektion Greifswald da, der verantwortlich war für den Brückenbau. Dem war es mal zu laut, und er brüllte: Wir sind doch hier nicht in der Judenschule. Am nächsten Tag kamen ich und ein Kumpel mit dem gelben Stern auf der Brust zur Veranstaltung«, sagte Karl-Heinz Borchardt.
In der 10. Klasse wurde ich durch die FDJ-Gruppe der Klasse beauftragt, ihm Englisch-Nachhilfeunterricht zu geben, sagt eine zweite Schülerin. Dabei zeigte er mir mal ein Bild von

Kennedy, welches er aus einem Buch der Bücherei herausgerissen hatte. Seit diesem Tag verachte ich ihn, denn ein Schüler, der Bücher, die sozialistisches Eigentum sind, beschädigt, ist nicht wert, Schüler der Erweiterten Oberschule zu sein.
Wollen Sie noch etwas ergänzen?, fragt der Mann von der Staatssicherheit aus Greifswald.
Mir schien, Borchardt hatte bei uns schon immer eine undurchsichtige Haltung. Ich fand jedoch nie die richtigen Beweise.
Karl-Heinz Borchardt sagte: »Es war allgemein bekannt, wo ich stand.«
Ich habe gewusst, dass Karl-Heinz Westsender hört, wie es auch noch andere in unserer Klasse gibt, die westliche Rundfunkstationen abhören, sagt ein Schüler.
Einer der Männer aus Rostock merkt sich das. Darüber will er mit dem Schüler später unter vier Augen reden.
Keiner kümmerte sich um ihn, sonst hätte man sich vielleicht gegen das Abhören solcher Rundfunkstationen mit ihm auseinandersetzen können. Vielleicht hätte es auch nicht zur Straftat kommen brauchen. Wir haben also auch Schuld.
Ein anderer pflichtet bei. Alle dachten, er hätte eine positive Einstellung zur DDR. In Wirklichkeit, das erfahren wir heute, hatte er zwei Gesichter.

Dann spricht der Direktor Kliewe: Auch wir haben uns sehr in Karl-Heinz Borchardt getäuscht. Für uns gilt es aber, daraus Schlussfolgerungen zu ziehen. Unsere Lehrer müssen noch besser mit den Schülern in politisch-ideologischer Hinsicht arbeiten. Borchardt hat sich mit seiner Tat gegen unsere Gesellschaftsordnung und damit auch gegen die sozialistischen Schulen gewandt, die ihm alle Möglichkeiten gaben. Er wird sich dafür verantworten müssen.
Der FDJ-Sekretär sagt: Ich bin von Borchardt total enttäuscht. Diese Straftat hätte ich ihm nie zugetraut.
Karl-Heinz Borchardt sagte: »Ich habe einmal bei einer FDJ-Versammlung zum FDJ-Sekretär gesagt, er solle langsam zum Schluss kommen. Gleich gehe ›Briefe ohne Unterschrift‹ los. Ich habe nie ein Hehl daraus gemacht, dass ich die Sendung hörte.«

Die Versammlung dauert ein und eine dreiviertel Stunde. Um 16.45 Uhr dürfen die neunzehn Schüler gehen, die Denunzianten und die, die geschwiegen haben.
Der FDJ-Sekretär der Klasse wird noch einstimmig zum Vertreter des Schülerkollektivs im Ermittlungsverfahren gewählt.

Es wurden Protokolle angefertigt: über die Vernehmungen, die Aussagen der Schüler, der Lehrer und des Direktors, der Nachbarn, über die Ergebnisse der Wohnungsdurchsuchung am Tag der Verhaftung, über die beschlagnahmten Gegenstände.

Es wurde ein Antrag auf Haftbefehl gestellt, einen Tag nach der Verhaftung, es wurden ein U-Plan formuliert, Einschätzungen und Beurteilungen des Schülers, es wurden ein Schriftgutachten angefordert, ein psychologisches Gutachten, Stellungnahmen zum U-Gefangenen, Befunde.

Es gab Spitzelberichte.
Über den Vater, Karl Borchardt.
Am Freitag vergangener Woche kam Karl Borchardt zu mir, Du weißt ja, wen ich meine. Er sah sehr blass aus, er hatte ein wutverzerrtes Gesicht und teilte mir mit, dass er von Rostock gekommen ist und zum zweiten Mal Gelegenheit hatte, mit dem Bezirksanwalt zu sprechen, schrieb der IM, der sich auch noch »Rosenkranz« nannte, am 20. Oktober, an dem Tag, an dem auch die FDJ-Versammlung stattgefunden hatte.
Es ging ihm besonders darum, im einzelnen zu erfahren, warum sein Sohn angeklagt ist. Er teilte mir also in dem Zusammenhang mit, dass der Bezirksstaatsanwalt ihm sagte, angeklagt wird er wegen Staatsverbrechen. Es ist ihm auch gesagt worden, dass der Junge Verbindungen zum englischen BBC hatte und dass er zu verbrecherischen Organisationen

Verbindungen hat. Er wollte nun also von mir wissen, wie dieser Begriff ‚verbrecherische Organisation' zu definieren sei und was man darunter zu verstehen habe.
Ich sagte ihm, unter anderem würde ich den RIAS z. B. in seinem ganzen System als eine verbrecherische Organisation darstellen, der mit seiner ideologischen Diversion mit allen verbrecherischen Absichten gegen den Bestand des Sozialismus in unserer Republik tätig ist und darüberhinaus in allen anderen sozialistischen Staaten. Er war mit mir nicht einverstanden, er kaufte mir diese Argumentation nicht ab. Er erklärte in dem Zusammenhang, dass er eine Beschwerde an den Staatsratsvorsitzenden verfasst hat.

Karl Borchardt hatte ein Exemplar der Beschwerde dem stellvertretenden Vorsitzenden des Rates des Kreises vorgelegt. Der hatte gesagt: Jeder hat das Recht, sich über Dinge zu beschweren, wenn er meint, dass hier Unrecht geschieht.
Karl Borchardt hatte dem IM davon erzählt.
Karl Borchardt hatte auch erzählt, dass er zwei Sätze streichen sollte.
Auf meine Frage, um welche Formulierung es sich denn handelt, sagte mir Borchardt: ‚Ich war mächtig in Erregung und habe also diesen Akt, der gegen meinen Jungen, vollführt

wurde, verglichen mit Handlungsweisen in der faschistischen Zeit.‘

Karl Borchardt zeigte dem IM, von dem er nicht wusste, dass er IM war, eine Karte, die er und seine Frau aus der Untersuchungshaftanstalt erhalten hatten. Sie sollten dem Jungen möglichst bald Kleidung schicken, da in Kürze die Hauptverhandlung stattfände.

Als er sich verabschiedete, sagte er, erst muss es dem Jungen bewiesen werden, welche Verbrechen er begangen hat. Ich sagte ihm, das wird sicherlich der Fall sein, denn in unserer Republik wird niemand in Untersuchungshaft gehalten, wenn man bei den Voruntersuchungen feststellt, dass er unschuldig ist, oder, dann wird er auf dem schnellsten Wege wieder auf freien Fuß gesetzt.

Aber wenn es heißt, dass es zu einer Hauptverhandlung kommt, dann gibt es sicherlich Beweise der Schuld des Jungen, und man müsste dann auch als Eltern in Kauf nehmen, dass der Junge strafrechtlich zur Verantwortung gezogen wird. Daraufhin sagte er mir: Wenn mein Junge bestraft wird, dann stelle ich mich auf den Markt in Greifswald und schreie, so laut ich schreien kann, dass mein Junge unschuldig ist.

Zweiundzwanzig

»Getreu den Lehren ihrer Mutter und Großmutter – dass eine wirkliche Dame nie empört oder überrascht sein könne – beschränkte sich Miss Marple darauf, ihre Augenbrauen hochzuziehen und den Kopf zu schütteln.«

Ich beschränkte mich nicht darauf.

Ich betrachtete ein Schwarz-Weiß-Foto von Karl-Heinz Borchardt. Es klebte oben rechts auf der »Einlieferungsanzeige« vom 31. 8. 1970.

Ich sah einen Jungen, auch wenn er schon achtzehn war. Blondes kurzes Haar, den Pony ein wenig zur Seite gekämmt, eine Brille. Ein intelligentes Gesicht. Sehr ernst. Karl-Heinz Borchardt in einem Anzug, helles Hemd, Krawatte.

Es waren nicht die Sachen, die er in Rostock am 31. August 1970, dem Tag seiner Verhaftung, ausziehen musste und die als Effekten aufgelistet wurden.

Vielleicht war es ein Foto, das die Eltern hergegeben hatten. Vielleicht von einer Familienfeier, vielleicht von einer Schulveranstaltung. Vielleicht von seiner Tanzstunde. Vielleicht vom Abschlussball, auf dem er mit seiner ersten Liebe tanzte.

Ich nahm das Notizheft in die Hand, das bei der Hausdurchsuchung konfisziert worden war und das er nie zurückbekommen hat.

DIN A6. Schwarzblau. Ein weißes Feld auf dem Deckel mit dem Namen seiner Schwester. Auf dem Deckel des Heftchens in Karl-Heinz Borchardts Handschrift:

»Wir sind alle gleich, bloß einige sind noch gleicher.«
Ich blätterte.
»12. Nov. BBC 20.15 Reformkommunismus.«
Ich las:
»Marx erwache, Breschnew ist übergeschnappt.«
»Maxwell Silverhammer.«
Ich dachte, came down on his head.
Ich blätterte:
»Gott hat sich von der Erde gewendet, Eure Väter haben die Welt geschändet.«
Adressen für »Briefe ohne Unterschrift«.
»Sich nach dem Wind zu drehen, ist keine Sache, die sich lohnt.«
»Aber ist es nicht schöner, in diesem Alter in Ahnungen zu schwelgen, als einige Jahre später in mageren Erfüllungen darben zu müssen?«
Dann las ich die andere Sprache, die in der Akte, in der ich das Notizbuch gefunden habe, die den Regeln der Macht folgte, die Menschen Gewalt antat. Der von Menschen Gewalt angetan wurde.
Im Ausgangsmaterial wird ein anonymer Schreiber an den BBC London nach § 219 ungesetzliche Verbindungsaufnahme und § 220 Staatsverleumdung bearbeitet. Alter des Täters: 30 bis 15 Jahre.
Das »Ausgangsmaterial« hieß »Schüler«.

Das »Ausgangsmaterial« waren Karl-Heinz Borchardts Briefe ohne Unterschrift vom 10. September 1969 und 13. Oktober 1969.
Eine »operative Verlaufsakte« wurde angelegt mit der Bearbeitungsrichtung Staatsverbrechen.
»Schriftenvergleichsmaterial« wurde besorgt, »11. und 12. Klasse Abiturarbeiten, 12. Klasse Vorjahrabiturarbeiten von einer EOS Greifswald«, die Eltern wurden in die op. Bearbeitung einbezogen, da zu vermuten ist, dass die feindliche Tätigkeit des Verdächtigen auf wesentliche im Elternhaus liegende Ursachen oder auch begünstigende Bedingungen zurückzuführen sind.
Die Jagd der Stasi auf einen sechzehnjährigen Schüler. Präzise und kalt.
IM wurden auf die Eltern angesetzt. »Anita«, »Arno« und »Rosenkranz«.
Briefe und Postkarten von der Familie und an die Familie wurden gelesen und kopiert.
Das Telefon wurde überwacht.
Ein IM wurde auf Karl-Heinz Borchardt angesetzt.
K. H. ist etwas undurchsichtig, seine Gesamthaltung nicht eindeutig, er bemüht sich, seinen schulischen und gesellschaftlichen Aufgaben Rechnung zu tragen, besonders tritt er aber nicht hervor.
Er gehört zum verhaltenen Kern der Klasse

und pendelt gerne zwischen zwei Welten. Gez. ‚Heinrich‘.

Kurz vor der Verhaftung: In Vorbereitung der Liquidierung des VA-op. ist zwischen dem Leiter der Abteilung IX und dem zuständigen Staatsanwalt eine Absprache zu treffen und vor Einleitung des EV eine Anordnung auf Hausdurchsuchung zu beschaffen.
Die Hausdurchsuchung. Am 31. August 1970. Um 8.30 Uhr. Nur fünfundvierzig Minuten nach der Verhaftung.
Im Protokoll: Der Inhaber der Räume war nicht zugegen.
Der Zynismus ist nicht zu überbieten.
Im Protokoll auch: 1 Notizheft, blauer Umschlag.
In dem schwarzblauen Notizheft stand:
»Faust: Ich kann nicht mehr leben, lass mich sterben.
Mephisto: Nein, das Leben ist die Hölle, der Tod das Elysium.«

Nach viereinhalb Monaten in MfS-Untersuchungshaft schrieb Karl-Heinz Borchardt an seine Familie:
»Rostock 12. Januar 1971
Ihr Lieben! Heute erhaltet Ihr von mir den ersten Brief im neuen Jahr.
Inzwischen habe ich von Euch zwei Briefe erhalten (25.12. und 3.1.), beide schrieb Mutti. Ich möchte mich auch recht herzlich für das Paket bedanken, welches ich Silvestervormittag erhielt. Den Baumkuchen haben wir gemeinsam

am Neujahrsanfang gegessen. Anfang dieses Jahres haben wir den Einkauf für den Monat Januar erhalten (Kekse, Bonbon und Schokolade) Das Obst, was ich bestellt habe, habe ich leider wieder nicht bekommen.
Das Wetter ist auch wieder etwas milder geworden. Die Heizung war bei uns in der Zelle ein paar Tage ausgefallen, gerade, als es so kalt war.
Die Festtage liegen nun alle hinter uns, und ich bin recht froh darüber. Denn besonders an diesen Tagen denkt man doch sehr häufig an zu Hause. Durch die Arbeit wird man etwas von trüben Gedanken abgelenkt.
Ich warte jeden Tag darauf, dass ich die Anklageschrift erhalte und mein Fall dadurch weiter voranschreitet. Denn das ist wieder eine Etappe bis zur Verhandlung, sogar eine der letzten. Mein Fall ist doch hier soweit abgeschlossen und Rechtsanwalt Hantke musste doch eigentlich schon eine Sprecherlaubnis vom Staatsanwalt haben. Denn Anfang dieses Jahres sollte meine Akte dem Gericht übergeben werden. Die Untersuchung in der Nervenklinik hat doch ganz schön die Sache verzögert.
Nun, heute in einer Woche könnt ihr mich wieder besuchen und ich habe heute seit dem letzten Besuchstag wieder zwei Drittel zurückgelegt, und bin nun den 135. Tag hier. Von einem halben Jahr fehlt ja nun nicht mehr viel.«

Nicht Karl-Heinz Borchardt hat die Zeilen unterstrichen, sondern die Zensoren im Knast.
Dieser Brief hat die Familie nicht erreicht. Ich hielt ihn in der Hand.

Dreiundzwanzig

Am 19. 2. 1971 die Anklageschrift.
Die Hauptverhandlung findet am 24. März um 8.30 Uhr statt.

```
Bei Aufruf der Sache erscheinen: der
Angeklagte vorgeführt aus der UHA des MfS,
der Verteidiger Rechtsanwalt Hanke, der
Kollektivvertreter Wulf, ein Vertreter des
Rates des Kreises Greifswald und die Eltern.
Die Öffentlichkeit war für die gesamte
Dauer des Verfahrens ausgeschlossen, da
eine öffentliche Verhandlung über die dem
Angeklagten zur Last gelegten Handlungen die
Sicherheit des Staates gefährden würde.
```

Dem Klassenlehrer und einem Kraftfahrer des Rates des Kreises Greifswald werden die Teilnahme am Prozess gestattet.
Zuerst spricht der Vorsitzende.
Der Vorsitzende stellt Fragen. Karl-Heinz Borchardt antwortet.
Der Schöffe stellt Fragen. Karl-Heinz Borchardt antwortet.
Der Staatsanwalt stellt Fragen. Karl-Heinz Borchardt antwortet.
Er sagt: »Über den Sozialismus in der DDR wurde in der Sendung gesagt, dass er eine Diktatur ist, die nur unter Vormacht der Sowjetunion ausgelebt wird.

In der Schule legte ich meine Meinung nicht dar.
Ich trat auf wie jeder andere Schüler.
Wenn ich meine wahre politische Meinung gesagt hätte, wäre ich schief angesehen worden. Ich wusste, dass ich meine politische Meinung nicht äußern durfte. Ich meine, dass es gefährlich wäre, meine Meinung zu sagen, für meine spätere Entwicklung, da ich studieren wollte.
Nach dem 3. Brief dachte ich daran, dass die Briefe eingezogen worden sind.
Ja, das ist meine Handschrift.
Krieg wollte ich nicht.«

Von 9.50 Uhr bis 10.05 Uhr ist Pause.
Nach der Pause fragen der Vorsitzende, der Schöffe und der Staatsanwalt die Eltern.
Der Vater antwortet: »Mein Junge hat in seiner Freizeit viel gelesen. Nach meiner Meinung zu viel. Ab und zu ging er auch einmal ins Kino. Ich weiß, dass er Heine, Schiller und Goethe gelesen hat.«
Die Mutter antwortet: »Ja, wir haben uns des Öfteren über politische Dinge unterhalten. Ich war acht Jahre im Elternaktiv. Es gab nie Klagen über Karl-Heinz.«
Nach den Eltern antwortet der Klassenlehrer.
Ein Schüler wird als Zeuge aufgerufen.
Alle Schüler der Klasse hätten die Straftat auf das Schärfste verurteilt. Keiner hätte Karl-Heinz so etwas zugetraut.
Karl-Heinz wäre einstimmig aus der FDJ ausgeschlossen worden.
Die Beweisaufnahme wird abgeschlossen.

Um 11:15 Uhr ist wieder Pause bis 11:25 Uhr.
Nach der Pause spricht der Staatsanwalt. Nach dem Staatsanwalt spricht der Verteidiger, der dem Staatsanwalt in fast allem zustimmt.
Nach dem Verteidiger darf Karl-Heinz Borchardt noch einmal das Wort ergreifen.
Er sagt sieben Sätze und zum Schluss: »Ich möchte auch noch anführen, dass meine Handlungen keine großen Auswirkungen hatten. Es war nur ein Versuch.«
Die Hauptverhandlung wird unterbrochen zum Zwecke der Verkündung einer Entscheidung.

Am 29. März wird das Urteil verkündet. Am Nachmittag.
Im Namen des Volkes! Der Angeklagte
wird wegen mehrfacher versuchter
staatsfeindlicher Hetze von
Publikationsorgangen, die einen Kampf gegen
die Deutsche Demokratische Republik führen
(Verbrechen gem. §§ 106 Abs. 1. Ziff. 1,
2, u. 3 Abs. 2 u. 3, 108, 21 Abs. 1 u. 3,
63 Abs. 2, 64, Abs. 1 u. 2, 66 StGB) zu
einer Freiheitsstrafe von 2 – zwei – Jahren
verurteilt.

Einige Tage später wird Karl-Heinz Borchardt nach Dessau gebracht.

Der Vater schreibt einen Brief.
»Sehr geehrter Herr Hauptwachtmeister Lippold, wie Sie

schon selber festgestellt haben, ist er [Karl-Heinz] ein etwas schwer zugänglicher junger Mensch, d. h., er offenbart sich nicht jedem. Hat er aber einen Freund gefunden, so ist er auch aufgeschlossen und mitteilsam. Ich möchte zu seiner persönlichen Einschätzung Folgendes sagen: Karl-Heinz ist sehr bedrückt, bedingt durch seine Inhaftierung. Zunächst sieht er sich um die Früchte seiner schulischen Leistung betrogen; denn seine ehemaligen Klassenkameraden haben heute ihren Abiturabschluss. Darüber hinaus sagt er sich, und ich kann mich dieser seiner Annahme nicht einmal ganz verschließen, für seine Tat wurde er zu hart bestraft. Dieses sind nun einmal Faktoren, die auf ein jugendliches Gemüt einwirken.«

Vierundzwanzig

»Die ›Reise‹ ging mit dem Zug nach Dessau, über Cottbus und Halle«, sagte Karl-Heinz Borchardt.

Es gehe »auf Transport«. Das ist das Wort, das im Untersuchungsgefängnis in Rostock gebraucht wird. Es muss abends gewesen sein.

Auf einem Bahnsteig, abseits der Bahnsteige für die normalen Reisenden, stehen Männer mit MP.

Karl-Heinz Borchardt und andere steigen in den Waggon eines Zuges, der den Postwagen der früheren Deutschen Reichsbahn ähnelt. In dem Waggon, im Volksmund Grotewohl-Express genannt, nach dem ersten Ministerpräsidenten der DDR, weil die Gefangenen scheinbar aufs Geratewohl kreuz und quer durchs ganze Land gefahren werden, gibt es sechzehn Zellen. Eine Zelle hat vier Plätze, ein Fenster aus Milchglas, davor ein Gitter, eine Schiebetür.

»Ich glaube, ich bin mir nicht sicher, dass wir zu zweit in einer ›Grotewohl-Zelle‹ waren. Der andere fragte mich nach dem Grund meiner Verhaftung. Worüber sollten wir sonst reden. Ich erzählte. Der andere sagte, da klau ich doch lieber 'ner Oma 'ne Handtasche«, sagte Karl-Heinz Borchardt.

Der Zug fährt von Rostock nach Cottbus.

In Cottbus werden einige aussortiert. Die Durchsage auf dem Cottbusser Bahnhof: »Reisende, achten Sie auf Ihr Gepäck. Es wird ein Gefangenentransport durchgeführt.«

Für die, die nicht aussortiert werden, geht es in dem Waggon weiter nach Halle. Der Transport von Rostock über Cottbus nach Halle dauert zwei Tage.
»Natürlich wurde die ganze Zeit kein Wasser gereicht. Die Handschellen wurden erst wieder in den ›Unterkünften‹ abgenommen«, sagte Karl-Heinz Borchardt.
In Halle heißt die »Unterkunft« Roter Ochse.
Dort bleibt er drei oder vier Tage.

Von Halle wird er in einem umgebauten Barkas anderswohin gefahren. Nach draußen sehen kann er nicht. Irgendwann hört er das Geräusch eines sich öffnenden schweren Eisentors.
Im Zugang in Haus 1 bekommt er keinen Trainingsanzug als Knastkluft, sondern eine ausrangierte NVA-Uniform mit gelben Streifen auf Rücken und Ärmeln.
In Haus 1 werden er und die anderen von einem jungen Leutnant MdI eingewiesen:
Der langsamste Schritt sei der Laufschritt.
Keiner mache sein Maul auf, wenn er nicht aufgefordert sei zu reden.
Sie sollten froh sein, dass sie in einem sozialistischen Strafvollzug seien.
Zu Karl-Heinz Borchardt sagt der Leutnant MdI: »Bei den Nazis hätten wir dich schon längst durch den Schornstein gejagt.«
»Er hat tatsächlich ›wir‹ gesagt«, sagte Karl-Heinz Borchardt.

Karl-Heinz Borchardt erinnerte sich nicht an alles.
Vielleicht hatte er sich auch vorgenommen, sich nicht an alles zu erinnern.
Nicht an den militärischen Drill. Nicht an die Kübel im Schlafsaal, an den Gestank von Urin und Kot. Nicht an die vielen Arbeitsunfälle im Gasgerätewerk.
Er erinnerte sich an die Schichtarbeit, ohne Schutzkleidung an den Drehmaschinen. An die heißen Kupferspäne, die sich in die Haut brannten. An den Wachposten, der mit entsicherter Pistole einen Jungen zum Weiterarbeiten zwang. An die Stille danach in der großen Maschinenhalle.
Er erinnerte sich an den Innenhof, auf dem auch mal Fußball gespielt wurde. An den schmalen grünen Streifen, der nicht betreten werden durfte, weil dahinter der Sicherungsbereich begann, der aber beim Spiel betreten werden musste, wenn der Ball dorthin gerollt war.
Er erinnerte sich, wie der Posten auf dem Wachturm mit seiner Maschinenpistole das Feuer eröffnete, aber absichtlich danebenschoss, um einem zu verstehen zu geben, jeder Moment könnte der letzte sein.
An die »Blutecke« erinnerte er sich nicht, in der jeder, der dem Rest der Gruppe Ärger eingehandelt hatte, Prügel bekam. Jeder Saal hatte eine.
Vor allem erinnerte er sich nicht an die »Achterbahn«.
Im Laufschritt ins Treppenhaus und hoch. Auf jedem Treppenabsatz ein Posten mit Gummiknüppel. Gegen das Langsamerwerden.
Oben angekommen über den Flur und durchs Treppenhaus wieder nach unten. Und wieder hoch. Und wieder runter.

In das Jugendhaus Dessau kam Karl-Heinz Borchardt nach achtmonatiger Untersuchungshaft in Rostock.
Jugendhaus.
Klingt wie Jugendherberge.
War es aber nicht.
Jugendhaus war Jugendknast.
Gewalt, Selbstjustiz, Einzelarrest und Zwangsarbeit.
»Einweisung in ein Jugendhaus kann angewandt werden, wenn das verletzte Gesetz Freiheitsstrafe androht, es die Schwere der Tat erfordert, die Persönlichkeit des Jugendlichen eine erhebliche soziale Fehlentwicklung offenbart und bisherige Maßnahmen der staatlichen oder gesellschaftlichen Erziehung erfolglos waren, so dass eine längere nachdrückliche erzieherische, mit Freiheitsentzug verbundene Einwirkung erforderlich ist.«
So lautete der Paragraf 75 des Strafgesetzbuches der DDR.

Ja. Man musste sich vornehmen, sich nicht an alles zu erinnern.

Fünfundzwanzig

Weder Austin Harrison in London noch Treharne Jones in Westberlin können von Karl-Heinz Borchardt wissen, weder 1971, noch 1972, noch später.

Wüsste Harrison von Karl-Heinz Borchardt, ließe er einen Brief verlesen, der schon vor Jahren geschrieben wurde.

In meiner Tätigkeit als Lehrer an einer Oberschule muss ich einmal wöchentlich abends das Schulinternat beaufsichtigen. Und als Sonderaufgabe wurde mir dazu das Kontrollieren der in den Zimmern eingestellten Rundfunksender aufgetragen. Ja, die Sache ging so weit, dass wir am Vormittag, während unsere Schüler unten auf den Bänken saßen, in ihren Zimmern nachschnüffeln mussten und die Radiogeräte kontrollierten. Ich möchte und brauche an dieser Stelle keine Angaben über das Ergebnis der Untersuchungen zu machen. Überhaupt wird bei uns jetzt peinlich darauf geachtet, dass nicht eine Meldung des Westens zu unseren Schülern gelangt. Taschenkontrollen und ähnliche Untersuchungen sowie die berüchtigten »freien Meinungsäußerungen« (es sind praktisch halbe Verhöre, bei denen es häufig vorkommt, dass einer zu viel sagt und dann wegen Boykotthetze angeklagt wird) sind wieder ganz groß geschrieben. Aber das Ergebnis unserer »sozialistischen Erziehung« würde wohl jeden von Ulbrichts Garde zum Sieden bringen: Bei zahlreichen Elternbesuchen hatte ich die Gelegenheit, die Zimmer meiner Schützlinge zu sehen. Über jedem

Rundfunkempfänger konnte man lesen: Audiatur et altera pars – was soviel heißt wie: Man soll auch die andere Seite hören. Ich konnte nur über die Einfälle meiner Schüler lächeln – mehr durfte ich nicht! Abschließend möchte ich noch ein Wort an alle Schüler richten: Sehen Sie sich vor, wenn Sie Westsender hören. Tun Sie es so vorsichtig wie Sie nur können, denn es könnte die schlimmsten Folgen haben – für Sie und Ihre Angehörigen.

Oder vielleicht ließe er diesen verlesen:

Es stimmt einfach nicht und ist eine glatte Entstellung der Tatsachen, wenn Ihr Hörer, 16 Jahre jung, Kennwort Rainer, schreibt, dass man ihn oder andere am Hören von Westsendern hindert. Er kann die Sendungen des westlichen Auslandes nach Herzenslust hören, aber selbstverständlich! Es gibt natürlich eine Ausnahme, die darin besteht, und das ist Ihnen auch nicht neu, dass es nicht gestattet wird, Sender des westlichen Auslandes so laut einzustellen, dass sie von den Mitmenschen gehört und als Belästigung empfunden werden. Ich würde mir jede Belästigung verbitten, und da nun einmal in diesen Sendungen im Augenblick für jedermann vernehmbar auch über diese Welle […] Hetze gegen unseren Staat betrieben wird, gestattet auch dieser unserer Staat nicht, dass Hetze öffentlich durch jede Art von Kommunikation verbreitet werden darf. Ihr Rainer lügt, er darf auch moderne Musik hören, von mir aus den Sender Luxemburg, 904 (der übrigens ausgezeichnete Musik für Jugendliche bringt), BBC, AFN u. a., es ist nicht verboten. Soll er sich doch zu Hause hinsetzen und hören, bitte, der Staatssicherheitsdienst wird ihn weder be- noch aufsuchen, da kann er ganz beruhigt sich seinen Neigungen hingeben.

Ließe er ihn verlesen, würde Harrison, wüsste er von Karl-Heinz Borchardt, sagen: Ja, sicher, so wie der Staatssicherheitsdienst ihn weder *be*- noch *auf*gesucht hat!
Vielleicht schriebe Harrison selber einen Brief an seine Hörer.
Dann wäre der Vorwurf berechtigt, dass sie, er und seine Kollegen, die Briefe selber verfassten.

Harrison liest:

Werter Herr vom Londoner R. F.
Ich habe Ihre Sendung für DDR-Bürger, oder wie Sie es nennen, eine »Sendung für Ostdeutsche« am 18. 8. 1972 um 20.15 Uhr gehört.
Lassen Sie mich einige Sätze zu Ihrer Sendung sagen. Es wäre das Beste, würden Sie Ihre Sendung einstellen! Was dorten an Menschenverdummung getrieben wird, ist haarsträubend. Was glauben Sie wohl, wer Ihnen aus der DDR »Briefe ohne Unterschrift« sendet? Das sind doch Leute, die ihren Platz in der Gesellschaft nicht finden können, weil sie seit langem auf die Massenverdummung des Londoner Rundfunks reinfallen.

Wüsste Austin Harrison von Karl-Heinz Borchardt, dächte er: So wie er seinen Platz in eurer Gesellschaft nicht finden konnte, weil ihr ihn eingesperrt habt.
Harrison liest weiter:

> *Dieser verdammte Sender ist doch seit langem entlarvt. Bekannt für Unwissenschaftlichkeit non plus ultra! Beispielsweise wollen Sie den Hörer glauben machen, dass zum Beispiel die Judenfrage in der UdSSR auf gleicher politischer Ebene liegt wie die Rassendiskriminierung in England oder in den USA. Machen Sie sich nur noch recht lange lächerlich. Sie wissen noch gar nicht, wie Sie uns mit Ihrer Sendung nutzen. Besser als Ihre Sendung entlarvt sich der Imperialismus im Ganzen nur noch. Sicher spreche ich im Namen vieler, wenn ich sage, dieser Sender und andere müssen bekämpft werden, weil sie für einige Menschen zum Leitbild werden könnten oder schon sind. […]*

Leitbilder, denkt Harrison. Was heißt das schon, wenn die Welt auf dem Kopf steht. Auch in England. Erster Bergarbeiterstreik seit fünfzig Jahren, Bloody Sunday, erste Gay Pride Parade vom Trafalgar Square zum Hyde Park, die höchste Arbeitslosigkeit seit 1930, Wembley Rock Festival, Bloody Friday, McCartney's »Give Irland back to the Irish« aus der BBC verbannt.
In der Downing Street sitzt ein Konservativer, auf allen anderen Straßen klingen die 60er nach und werden radikaler.
»Terrorism« und »terror« sind Wörter, die langsam in die Alltagssprache finden.

Harrison geht ins Kino. »Clockwork Orange«.
Harrison hört Radio.
»Have you seen the old man in a closed down market, kicking up the paper with his worn out shoes. In his eyes you see no pride, hand held loosely to his side. Yesterday's paper telling yesterday's news …«
Während Harrison das hört, liest er:

Ich kann mir mein Leben ohne die Sendungen der BBC nicht vorstellen (seit 1938 Hörerin). Man kann Richtiges nicht oft genug hören. Dieses schreibt Ihnen Ihre alte, treue Hörerin, die für ihre Liebe zu BBC bei Hitler ins Gefängnis wanderte, bei unserer derzeitigen Regierung auch wieder eine Strafe erhielt, zu meiner Freude allerdings! Diese Strafe ist anders als bei Hitler, ich will mal sagen: milder. Ich muss Ihnen das mal kurz erklären, wenn auch Persönliches eigentlich nicht in diesen Brief gehört, aber es steckt Unpersönliches = Politisches dahinter.

Ich schrieb Ihnen vor einigen Wochen, dass eine Amtsträgerin mich in höherem Auftrage bedrohte wegen meiner gelegentlichen Briefe an die BBC. Vier von ihnen hatte sie gelesen, bestätigte mir, dass die keine Diffamierung unseres SED-Staates enthalten hätten.

Doch drohte sie mir mit härteren Strafen, wenn ich weiter schriebe. Was ich hiermit tue! Jetzt traf mich eine neue Strafe, die mich auch in keiner Weise erschüttern konnte. Nach meinen Berufsjahren hätte ich längst den Titel »Sanitätsrat« erhalten müssen, ohne auf ihn begierig zu sein.

Aber das ist hier so Usus, wenn man seine Jahre gewissenhaft als Arzt gearbeitet hat. Dieses Jahr wurde mir ausdrücklich von Amtspersonen gesagt, dass der Titel für mich abgelehnt wäre wegen meiner Briefe an die BBC. Das ist nun direkt eine Freude für mich, dass ich nämlich meine alte, herzliche Liebe zu BBC durch ein kleines, sichtbares Opfer dokumentieren kann. Denn nach ewiger Lebensweisheit gibt es keine Liebe ohne Opfer.

Irgendwann, erinnert sich Harrison, hat er in einer Sendung gesagt: »Zwischen Ihnen liebe Hörer und uns hier im Funkhaus besteht doch wohl mehr als die übliche Beziehung zwischen einem Sender und seinen Hörern. Irgendwie, und das habe ich immer schon gefühlt, sind wir so etwas wie eine Familie.«

Im Februar 1972 wird dieser Brief verlesen:

Seit langem höre ich interessiert die Rundfunksendungen der BBC und besonders die Sendung »Briefe ohne Unterschrift«. Dass es so was gibt, dass man seine Meinung sagen kann, finde ich wunderbar. Die großen Lügen, die die SED-Propaganda von sich gibt, sind für die SED scheinbar von großer Wichtigkeit, um ihr Lügensystem aufrechtzuerhalten. […] Man soll im Westen nur nicht glauben, dass wir, die sogenannten »FDJler«, politisch verblendet und von der SED Propaganda irregeführt sind. Wir denken genauso frei wie die Jugendlichen im Westen und würden gerne […] mit den Jugendlichen aus der

Bundesrepublik diskutieren. [...] Leider will das die SED nicht, weil sie fürchten muss, dass dann ja in der freien Diskussion all die Lügen der SED bzw. Wahrheiten, die der Westen propagiert, ans Tageslicht kommen würden. [...] Deshalb also versucht die SED jeden friedlichen Kontakt zwischen Ost und West zu unterbinden.
Mein größter Wunsch wäre es deshalb, dass man die Sendung »Briefe ohne Unterschrift« nicht aufgibt, sondern in ihr weiterhin die Wahrheit unaufhörlich heraussagt, bis zu dem Zeitpunkt, an dem alle Menschen frei sein werden. Also, man darf den Mut nicht verlieren und weiterhin Optimismus wahren.
Good-bye Mr. Harrison!
Kennwort: Jugendliche aus Ostdeutschland.

Der Teenager hört seinen Brief im Radio und wird schreiben:

Lieber Mr. Harrison!
Mit überschäumender Begeisterung habe ich die Verlesung meines ersten Briefes im Londoner Rundfunk gehört. Mein Freund muss doch gedacht haben, ich schnappe über, als ich sofort mit größter Eile zu ihm lief und ihm dies mitteilte.
Diese Verlesung hat mich sehr stolz gemacht. Einmal mehr habe ich nur zu genau gespürt, auf welcher Seite meine wahren Freunde stehen. Es gibt einem immer wieder neuen Mut, wenn man jeden Freitag die Sendung »Briefe ohne Unterschrift« hört. [...] Es ist doch unser

einziges und zugleich wichtigstes Mittel, unsere Meinung frei zu äußern.
Ich möchte deshalb weiß Gott nicht Good-bye sagen in dem Sinne, wie das in meinem letzten Brief anscheinend zum Ausdruck kam.
Im Gegenteil – ich möchte aktiv mithelfen, gegen das Unrecht zu protestieren, das den Menschen in diesem unmenschlichen Staat, wenn man das noch einen Staat nennen soll, angetan wird. Ich will auf der anderen Seite meine tiefe Verbundenheit zu den Menschen in der freien Welt zum Ausdruck bringen. Da mir das über die BBC möglich gemacht wird, möchte ich Ihnen und all Ihren anderen Kollegen dafür von ganzem Herzen danken!
Diesmal darum HALLO, Mr. Harrison.

Sechsundzwanzig

»Duty Report«, so heißt ein Bericht vom Oktober 1971, den ich in Reading fand.

»Briefe ohne Unterschrift« zeichne sich seit jeher durch verärgerte Schreiber aus der DDR aus. Die seien nicht repräsentativ für die gegenwärtige politische Stimmung in Mittel- und Ostdeutschland, schrieb Alfred Starkmann, der 1967 von Hamburg, dort war er Redakteur der »Welt«-Literaturbeilage, zur BBC gewechselt war.

Starkmann hielt fest, nur Extremisten machten sich die Mühe, an Massenmedien zu schreiben.

Der Satz hätte auch von der Stasi stammen können.

Diese Extremisten, so Starkmann, hätten keine andere Möglichkeit, ihre Meinung zu äußern, darum schrieben sie an die BBC. Nur eine unbedeutende Minderheit der Bevölkerung werde demnach im Radio gehört.

Zudem ginge die Zahl der Zuschriften zurück.

Stabbing in the back.

Doch es stimmt, die Ordner aus den frühen 1970er Jahren waren schmaler als die aus den Vorjahren.

Vielleicht, weil immer mehr Briefe abgefangen wurden. So wie dieser:

> *Allein durch die »Briefe ohne Unterschrift« besteht für mich die Möglichkeit, die Mitarbeiter der BBC höflichst zu bitten, meine allerbesten Wünsche für eine von Glück und Erfolg gekrönte Arbeit an die Regierung dem neuen Bundeskanzler Willy Brandt, sowie der gesamten SPD*

und FDP zu übermitteln. Schon zu Zeiten Adenauers habe ich zu westdeutschen Besuchern gesagt: »Mein Wunsch wäre, dass einmal Willy Brandt Bundeskanzler würde.« Und nun ist es Wirklichkeit geworden. Ich kann nicht sagen, wie glücklich mich das macht. [...] Oh könnten doch auch wir hier einmal in freier Entscheidung so eine gute Wahl treffen.

Die Ordner aus den 1970er Jahren waren nicht schmaler, weil »nur eine unbedeutende Minderheit der Bevölkerung im Radio gehört wurde«, sie waren schmaler, weil viele Menschen sich ganz einfach den historischen Fakten fügten.
Mit dem Viermächteabkommen und dem Transitabkommen 1971, dem Grundlagenvertrag 1972 und schließlich dem UNO-Beitritt beider deutscher Staaten 1973, einer Quasi-Anerkennung der DDR, war für viele die Teilung Deutschlands zementiert worden.
Die, die schrieben, schrieben gerade darüber.
Manch einer schrieb sogar auf Englisch. Oft waren es Gedanken über das Dazwischen. Über das, was noch möglich war. Oder Gedanken darüber, was nicht möglich war:

Wenn ich das Wort Westdeutschland höre oder Bundesrepublik, überhaupt WESTEN, woran denke ich dann? An den goldenen Westen? Nein, zuerst an die Grenze, an Berlin, Stacheldraht, Mauer, vielleicht ein bisschen an die vollen Schaufenster. Ich denke an meine Brieffreundin, an meine Großmutter in Österreich, an den Brieffreund, an Bulgarien, wo man sich vielleicht treffen könnte usw. usw.

[…] Die Jugend der DDR hat sich damit abgefunden. Wir werden wohl nie den Rhein oder die Nordsee besuchen können. Wenn noch nicht mal die Mutter zur Beerdigung des Opas fahren kann. […] Vielleicht mag aus mir der Pessimist oder sogar der Nihilist sprechen, aber ist das nicht die Realität?
Kümmert es den Bundesbürger überhaupt noch, wie es den »lieben Brüdern und Schwestern« in der Ostzone geht? Ich glaube kaum, er hat seine und wir haben unsere Sorgen – er geht seinen und wir gehen unseren Weg.

Die Diskussionen, die in dieser Sendung geführt würden, so Starkmann, seien unter dem Niveau der BBC und hätten nur wenig mit dem zu tun, was die Menschen in der DDR in Wirklichkeit dachten.
Starkmann führte Beispiele an:
Wir lehnen hier fast alle die SED ab. Niemand von uns setzt sich in einem Lokal mit einem Bonbonträger an den Tisch. Dazu sind wir zu stolz, wenn wir auch nur Arbeiter sind.
Über Politik können sie hier nur mit ganz guten Bekannten sprechen. Die anderen lassen mich stehen oder laufen weg oder tippen mit dem Finger an den Kopf.
Solche Sätze könnten nur von Verirrten kommen.
Die Briefe seien Ausdruck einer primitiven Stufe des Kalten Krieges zwischen Ost und West.
Ich dachte: Starkmann war ein Sympathisant, ohne die Verhältnisse zu kennen. Oder kennen zu wollen?
Davon gab es nicht wenige.

Und es gab prominente Beispiele.

Schon 1962 hatte der Oberbürgermeister von Coventry, William Callow, die DDR bereist. Er gab ein Interview im Deutschen Fernsehfunk.
Harrison erhielt von seinen Hörern Briefe wie diesen:

Lieber Londoner Rundfunk, schon seit langem höre ich Ihre Sendungen, soweit es Ulbrichts »Heulbojen« erlauben. Auch die Sendung »Briefe ohne Unterschrift« hat mich immer interessiert. Doch habe ich Ihnen bisher noch nicht geschrieben, da die Briefe anderer Zonenbewohner auch meine Gedanken ausdrückten. Das Interview, das Coventry OB Callow dem Fernsehfunk gewährte, ließ bei mir das bekannte Maß überlaufen. […] In seinem Interview erklärte dieser OB »Die Menschen sind gut gekleidet, wohlgenährt und erscheinen uns sehr glücklich« – Nackt laufen die Menschen hier freilich nicht herum […] Wohlgenährt kann man auch bei Brot, Reis und Margarine sein. Hat Mr. Callow Kartoffeln, Obst, Südfrüchte und eine Auswahl an Gemüse gesehen? […]
Mr. Callow: »Ich habe keine Anzeichen von irgendwelchen Zwangsmaßnahmen gesehen …« – Wenn Sie 14 Tage inmitten der »glücklichen« Bevölkerung und nicht als ängstlich behüteter Isolierter hier in der Zone lebten, würden Sie Ihre Meinung ändern.
Mr. Callow: »Ich darf sagen, dass die Menschen in der DDR wissen, wofür sie schaffen, und dass sie wirklich daran glauben, das gesteckte Ziel zu erreichen« – Das

dürfen Sie nicht sagen. Solche Ideale haben die Arbeiter hier nicht, da jeder sieht, dass die Wirtschaft immer mehr dem Ende zugeht. Keiner glaubt an die von den Planern gesteckten Ziele.
Mr. Callow, was verstehen Sie unter freien Wahlen? Behaupten Sie im Ernst, dass diese öffentliche Show eine freie Wahl ist? Wozwischen kann man denn wählen, da auf dem Schein nur die SED vertreten ist?
Mr. Callow, wenn Ihnen die Zustände hier so gut gefallen haben, so schlage ich Ihnen vor: Sie und Ihre Gesinnungsgenossen sollten in die Zone einwandern unter der Bedingung, dass die gleiche Anzahl von Zonenbewohnern nach Großbritannien siedeln könnte.

Die DDR-Nachrichtenagentur ADN verbreitete nach der Rückkehr des Oberbürgermeisters nach England:
»Echte Demokratie in der DDR. Als baren Unsinn bezeichnete der Oberbürgermeister von Coventry, William Callow, am Montag nach seiner Rückkehr von einem einwöchigen Besuch in der DDR die von reaktionären Kreisen verbreiteten Verleumdungen gegen die DDR.
›Wir waren täglich 16 Stunden damit beschäftigt, herauszufinden, ob die Beschuldigungen, es werden undemokratische Methoden angewandt, irgendeine Grundlage haben, und wir stellten fest, dass sie völlig falsch sind.‹«

Noch ein prominenter Besuch: 1963, der Schriftsteller Graham Greene, älterer Bruder von Hugh Carleton Greene, dem ersten Leiter des German Service der BBC.

Seine Eindrücke beschrieb Graham Greene in der »Zeit«. In der DDR-Zeitung »Der neue Weg« wurde Greenes Artikel in Auszügen abgedruckt.
Jemand schrieb einen Brief ohne Unterschrift:

Da lese ich nun heute wiederum von einem Ausländerbesuch in der DDR, diesmal von keinem Geringeren als Graham Greene, der seine Eindrücke in einem Artikel an die Zeitung ›Die Zeit‹ in Hamburg wiedergibt. Immer wieder kommen Menschen aus allen möglichen Ländern auf einige Tage hierher, lassen sich durch die ›Potemkinschen Dörfer‹ führen und berichten dann großartig über ihre Erlebnisse und Eindrücke.

Was bezweckt Herr Greene mit solchen schönfärberischen Äußerungen? Will er damit beweisen, dass die Verhältnisse bei uns gar nicht sooo schlimm sind? Nun, wir wollen gar kein Bedauern, mit diesen Missständen hier müssen wir uns schon allein abfinden, von Herrn Greene erwarten wir aber etwas anderes! Als Schriftsteller wird ihn das geistige Leben ja mehr interessieren. Was hat er davon bemerkt? Anscheinend wenig, denn die Gemälde von Rubens und Gauguin sind schließlich keine Kulturleistungen der DDR. Von dem geistigen Leben in der DDR lese ich kein Wort. Weiß Herr Greene nicht, dass hier nur linientreue Schriftsteller zu Wort kommen dürfen? Weiß er nichts von der geistigen und seelischen Vergewaltigung der Schüler und Studenten an den Schulen und Hochschulen?

Siebenundzwanzig

Wann verrinnt die Zeit schneller, wenn Sie von zu Hause an ihren Studienort fahren oder wenn Sie von Ihrem Studienort nach Hause fahren?, hatte Karl-Heinz Borchardt mir irgendwann geschrieben.
Zeit.
Wann war die Zeit schneller verronnen?
Als er von zu Hause in die Haftanstalt in Rostock gefahren wurde, von der Haftanstalt in Rostock nach Dessau ins Jugendhaus? Von Dessau nach …
»Verlegung hieß es einfach nur«, sagte Karl-Heinz Borchardt.
An dem Tag, an dem seine Eltern ihn besuchen wollten.

Im Hof des Jugendgefängnisses muss er in einen Barkas-Transporter steigen.
Auf dem Transporter steht an der Seite: »Auf jedem Tisch Fisch«.
Geht die Fahrt in Richtung Süden über das Autobahnkreuz Schkeuditz an Leipzig und Markkleeberg vorbei?
Karl-Heinz Borchardt weiß es nicht. Der Barkas hat keine Fenster.
Während er nur spüren kann, ob die Straße eben ist oder holprig, der Wagen beschleunigt oder verlangsamt, telefoniert der Vater nach Dessau.
Ihm wird gesagt: »Ihr Sohn ist nicht mehr hier.«
Der Vater spricht mit dem stellvertretenden Anstaltsleiter.

»Der sagte zu meinem Vater, kümmern Sie sich schnellstmöglich. Ihr Sohn ist in Karl-Marx-Stadt. Seine Entlassung in die Bundesrepublik steht bevor«, sagte Karl-Heinz Borchardt.

Von diesem geplanten Freikauf wissen weder seine Eltern noch er etwas.

Als Karl-Heinz Borchardt ankommt, von wo er nicht weiß, wo es ist, weiß er immerhin, er ist wieder bei der Stasi.

Es herrscht ein anderer Ton. Der Wachmann fragt ihn, ob es ihm gut gehe.

Es ist das erste Mal, dass ein Wachmann ihn das fragt.

Er kommt mit einem anderen in eine Zelle. Der andere ist ein Westdeutscher.

»Ich dachte mir, Abschiebehaft, aber ich wusste immer noch nicht, wo ich war«, sagte Karl-Heinz Borchardt.

Der andere weiß es auch nicht.

Als ihm klar wird, dass er in die Bundesrepublik abgeschoben werden soll – erstens durch den Westdeutschen, zweitens, weil er gefragt wird, ob er seine Zivilsachen anziehen wolle, die seien schon da –, verlangt er nach Stift und Papier.

Er schreibt einen Brief an Walter Ulbricht.

Er schreibt, er wolle nicht in den Westen, er wolle zurück nach Hause und nicht in die Fremde. Er bitte darum, in die DDR entlassen zu werden.

Er schreibt Walter Ulbricht nicht, er wolle doch einfach nur seine Eltern wiedersehen, seine Schwester, seine Freunde.

Und seine Tanzstundenliebe.

Er hat die Hoffnung, die Vorstellung, dass sie auf ihn wartet. Dass er in Karl-Marx-Stadt ist, erfährt er kurz vor seiner Entlassung.

»In Dessau gab es einen Erziehungsauftrag. Wir hatten einen Erzieher. Der stand in einer Qualifizierungsphase, wollte Offizier werden im Ministerium des Innern und hatte sich für irgendeine Arbeit mit Engels beschäftigen müssen. Er wollte mit mir über den Freiheitsbegriff diskutieren. Im Knast. Ich habe ihm gesagt, dass er keine Ahnung hat. Das hat er mir übel genommen.

Vielleicht war das ein Grund dafür, dass ich nach Karl-Marx-Stadt kam. Karl-Marx-Stadt war für die, die nicht mehr integrierbar waren«, sagte Karl-Heinz Borchardt.

Als keine Reaktion kommt auf seinen Brief, entschließt er sich zu einem kleinen Hungerstreik.

»Das war dort locker möglich«, sagte Karl-Heinz Borchardt.

Er und der andere werden voneinander getrennt. Karl-Heinz Borchardt wird mitgeteilt, dass seine Entlassung in die DDR bevorstehe.

Er denkt, nach Hause.

Zum Vater, zur Mutter, zur Schwester.

Zu den Freunden.

Zu seinem Mädchen.

Am 1. September 1971 bitten die Eltern einen befreundeten Taxifahrer, mit ihnen nach Karl-Marx-Stadt zu fahren. Sie wollen ihren Sohn besuchen. Sie machen sich auf den Weg.

Am selben Tag bekommt Karl-Heinz Borchardt all die Sachen zurück, die er am Tag seiner Verhaftung in Rostock hatte abgeben müssen.
Als Karl-Heinz Borchardt am 1. September 1971 entlassen wird, stehen seine Eltern vor dem Tor.

Ein irrwitziger Zufall.

Wann verrinnt die Zeit schneller, auf dem Weg aus der Wohnung in Begleitung von Stasileuten, weg von den Eltern und der Schwester, ins Ungewisse, oder auf dem Weg vom Tor, das sich automatisch hinter einem schließt, über den Steinweg hin zu den Eltern, ins Ungewisse.
Im Taxi geht es zurück nach Greifswald.
Karl-Heinz Borchardt kann aus dem Fenster sehen. Hügel werden zu immer flacherem Land, nach 450 Kilometern riecht die Luft nach See.
Die Zeit spielt keine Rolle.
Karl-Heinz Borchardt fragt sich, was mache ich jetzt?
Er hat eine Vorstellung: irgendwie Abitur machen und studieren. Schnell wird ihm bewusst, dass das so einfach nicht ist.

Achtundzwanzig

Mit dem BMW fährt Treharne Jones zur Leipziger Herbstmesse.

Er muss an einen Satz denken, den Harrison gesagt hat: Nur drei Tage nach Honeckers Wahl zum Ersten Sekretär des ZK legte sich Helene Weigel zum Sterben hin.

Gleich hinter der Grenze ist es Jones jedes Mal so, als entfernte er sich von der Wirklichkeit.

Der Fortschritt, den er sieht, ist kein echter Fortschritt.

Die Zeitungen, die er liest, sind keine echten Zeitungen.

Der Kaffee ist kein echter Kaffee.

Die Jeans, die die jungen Frauen tragen, sind keine echten Jeans.

Die jungen Frauen sind echt.

Die Kirche. Auerbachs Keller.

Jones sieht ein bisschen Woodstock und Love and Peace, lange Haare und selbst genähte Umhängetaschen.

Jones sieht den Wunsch, sich der Wirklichkeit zu nähern, von der er sich entfernt hat.

Jones will alles wissen.

Harrison hätte Jones vielleicht ehrgeizig genannt, auf jeden Fall engagiert.

Dass er jetzt »Werfer« ist und Harrison »Werfer I«, weiß Jones nicht.

Auch nicht, dass er schon am ersten Tag seines Besuchs in Leipzig, am 7. September 1972, ab 16.50 Uhr gesehen wird, wie er mit »Leo« gegen 17.00 Uhr im Ratskeller zu Abend isst, danach mit »Leo« nach Engelsdorf fährt, in der Südstraße ein Haus betritt, weil er dort während seines Aufenthalts in Leipzig wohnen wird, sich am nächsten Tag mit »Leo« zum Ausländertreffpunkt begibt und anschließend beide einen Ausflug nach Dresden machen, die Beobachtung darum unterbrochen wird.

Er aber am übernächsten Tag, also am 9. September, mit »Nase« und »Auge« – »Nase« ist ein Mann und »Auge« eine Frau, vermutlich Ehemann und Ehefrau, denn »Nase« trägt einen Ring links und »Auge« einen Ring rechts, beide Ringe haben das gleiche Muster – im Thüringer Hof zu Mittag isst, mit ihnen zum Pressezentrum läuft und später zum Völkerschlachtdenkmal fährt, dass sie auf dem Rückweg in die Stadt langsam fahren und die Beobachtung aus Gründen der Konspiration abgebrochen werden muss, aber später am Abend wieder aufgenommen wird.

Dass er und »Leo« am Abend zuerst in Auerbachs Keller essen, anschließend das Kabarett die Pfeffermühle besuchen, danach die Astoria-Bar, dass er jemanden in seinem BMW mitnimmt und diese Person den Namen »Anhalter« erhält, dass er auch allein unterwegs ist und sich im Café Holzmarkt aufhält, eine »Harald Tribune« in einen Papierkorb in der Collegenstraße wirft, in die Cranach-Ausstellung geht und später in die Stadtkirche, dass er am 10. September die Stadt in Richtung Berlin verlässt und die Beobachtung nach drei Tagen um 17.10 Uhr beendet wird.

Drei Tage ist »Leo« der Begleiter von Jones.
Jones kennt »Leo« nicht als »Leo«.
Jones kennt »Leo« als Rudolf Harnisch.
Jones kann sich denken, dass er Verfolger hat.
Dass Harnisch sein Verfolger ist, nicht.
Trotzdem erzählt er Harnisch wenig, schon gar keine Namen.
Dass auch »Leo« einen Verfolger hat, weiß nur der Verfolger von »Leo«, der jedoch nicht weiß, dass »Leo« in Wirklichkeit Rudolf Harnisch heißt und IM »Carolus« ist.

Nach der Abreise von Jones erfüllt Rudolf Harnisch umgehend seine Pflicht. Er schreibt.
Am zweiten Tag fuhren wir gemeinsam mit seinem PKW zum Ausländertreff, wo er sich für 15 M eine Genehmigung zum Besuch des Bezirks Dresden geben ließ.
Da Jones niemals irgendwelche Zettel offen herumliegen lasse, habe er, Harnisch, diesen kurzen Moment genutzt, den Wagen und Jones Aktentasche zu durchsuchen.
Ich notierte zwei Adressen in Dresden und Berlin.
Rudolf Harnisch hat keine Phantasie, denkt sich nichts aus, obgleich er von sich glaubt, nicht nur Journalist, sondern auch Schriftsteller zu sein, weil er doch so schön schreiben kann. Und so schreibt er weiter, dass er mit Jones gemütlich gefrühstückt habe und der Harnischs Tante dafür, dass er bei ihr in Engelsdorf übernachten durfte, eine wunderschöne große Büchse Maxwell-Kaffee schenkte und

10 Mark West. Dass das Ehepaar, mit dem Jones essen war, das habe Jones erzählt, aus Dresden stamme, dass Jones sich mit einem britischen Handelsvertreter getroffen habe. Harnisch schreibt auch, dass er Mister Jones natürlich auch nach Peter Johnson und Austin Harrison gefragt habe.
Abschließend schreibt er:
Aus der gesamten Verhaltensweise von Jones während dieser 3 Tage schlussfolgere ich, dass sein Hauptinteresse und damit auch seine Hauptaufgabe nicht der Berichterstattung über die Leipziger Messe und deren Perspektiven und Möglichkeiten zum friedlichen Handel gegolten hat. [...] Es ist also kein echtes journalistisches Anliegen, das Jones nach Leipzig getrieben hat, sondern sein Anliegen bestand darin, Hintergrundinformationen zu sammeln, sich für die DDR negativ auswirkende Eindrücke zu gewinnen und wiederzugeben und neue Kontakte aufzunehmen und bereits vorhandene zu bestätigen bzw. zu pflegen.

Nachdem Harnisch als IM »Carolus Winter« seinen Bericht abgeliefert hat, beschließt das Ministerium für Staatssicherheit, »Carolus Winter« solle seine Verbindung zu Jones vertiefen.
Wüsste Treharne Jones, wer Rudolf Harnisch wirklich ist, wüsste er, wie Harnisch das, was er tut, begründen würde: Freiheit sei immer mit einer Möglichkeit verbunden. In

einer beliebigen Situation erkenne man, welche Möglichkeit den gesellschaftlichen und persönlichen Interessen entspreche und welche realisierbar sei.

Jones dächte einen Satz von Karl Kraus: »Kein Zweifel, der Hund ist treu. Aber sollen wir uns deshalb ein Beispiel an ihm nehmen?«

Neunundzwanzig

Während Karl-Heinz Borchardt sich darüber Gedanken macht, wie es für ihn weitergehen kann, macht sich ein junger Mann Gedanken über seine Diplomarbeit. Der Mann, er stammt aus Rostock, heißt Klaus Heimbach.

Da Klaus Heimbach sich Gedanken macht über seine Diplomarbeit, geht er nicht auf »Partys« und »Feten«.

Er denkt, und das schreibt er auch, auf diesen »Partys« und »Feten«, die in Privatwohnungen stattfinden, treffen sich mehr oder minder bewusstseinsmäßig deformierte EOS-Schüler.

Nein, Klaus Heimbach geht auf solche Feten nicht.

Er fühlt sich verantwortlich für die sozialistische Erziehung der Jugend, damit sie ihre Arbeit, ihr Studium, ihre Freizeit und das gesamte Leben sinnvoll, froh und optimistisch gestaltet.

Karl-Heinz Borchardt versucht froh und optimistisch zu bleiben, wenngleich sich bisher jede Idee zerschlagen hat.

Klaus Heimbach ist überzeugt, dass die unmittelbaren politisch-operativen Aufgaben zu einer erfolgreichen Leitung und Durchführung der sozialistischen Jugendpolitik führen.

Schließlich ist er Hauptmann der BV Rostock, KD Greifswald.

Klaus Heimbach hat Einblick:

In mehreren Fällen nahmen Schüler nach ständigem Hören des Nato-Senders BBC-London,

speziell der Sendereihe ‚Briefe ohne Unterschrift', Verbindung zu diesen auf und hetzten in übelster Form gegen die sozialistischen Errungenschaften der DDR.
Klaus Heimbach hat Zugriff:
Die Vielfalt und Intensität dieser Kontakttätigkeit zeigt auch eine Statistik der Abteilung M über konfiszierte Sendungen, die vorwiegend von Jugendlichen im Alter von 14 bis 18 Jahren versandt bzw. empfangen wurden. Briefe an Nato-Sender:
1969: 1675 Briefe
1970: 1289 Briefe
1971: 874 Briefe

Vielleicht hat der Hauptmann einige dieser Briefe gelesen. Vielleicht hat er dienstbeflissen freitagabends im Radio die Sendung »Briefe ohne Unterschrift« gesucht und gefunden und gehört:
Die Jugend, die mehr als 10 Jahre lang kommunistisch erzogen wurde und trotzdem diese Märchen von der kommunistischen Gesellschaft nicht glauben kann, diese Jugend braucht eine Vorstellung von der Zukunft. Wie kann man aber auf andere Jugendliche einwirken, wenn man selbst nicht weiß, wohin die Zukunft führt.
Heimbach hat längst eine konkrete Idee.
Er hört:

Ich sage mir, ein Sender der freien Welt wie Ihrer, sollte die Aufgaben haben, die Organisation des antikommunistischen Widerstandskampfes zu übernehmen. Wie viele Menschen in unserer Zone warten darauf, endlich etwas Nützliches gegen diese Gesellschaft zu tun. Sie sehen, ich bin voller Hass. Jeden Tag bescheinigt mir ein kommunistisches Regime, dass ich fähig bin zu denken, Bücher zu schreiben oder Philosophie zu studieren. Trotzdem sind meine Hände gebunden, da meine Fähigkeiten nicht im Dienst einer solchen Gesellschaft stehen sollen.

Für Klaus Heimbach ist das unerträglich.

Er hört Austin Harrison:

Zu den kommunistischen Märchen, denen eine intelligente Jugend mit Recht skeptisch gegenübersteht, gehört auch ein fix und fertiges Zukunftsbild, ein Zukunftsbild, ohne nähere Zeitangabe freilich, das aber mit geschichtlicher Notwendigkeit eines Tages kommen müsste. Ich glaube, denkende junge Menschen werden einsehen, dass wir mit solchen Zukunftsbildern nicht konkurrieren wollen, weil wir nämlich nicht der Ansicht sind, dass die Zukunft zwar kommen muss, dass es aber von uns und von unserem Verhalten in der Gegenwart abhängt, wie diese Zukunft aussehen wird.

Dieser Engländer, denkt Hauptmann Klaus Heimbach, infiziert die Jugend.
Der Hauptmann schreibt:
Abgeschlossene Ermittlungsverfahren durch die Abteilung IX der BV Rostock in den Jahren 1970/71 weisen aus, dass dieser Prozess, beginnend mit dem systematischen Abhören von Musiksendungen, dem weiteren Hören und Sehen von Nachrichtensendungen u. a. ideologisch zersetzenden Programmen imperialistischer Rundfunk- und Fernsehstationen, dem Lesen umfangreich illegal kursierender westlicher Presse und Literaturerzeugnisse und die vielfältig bestehenden postalischen Kontakte, die Herausbildung feindlicher Einstellungen weitestgehend beeinflussen.
Der Spieß muss umgedreht werden. Damit die Jugend ihre Arbeit, ihr Studium, ihre Freizeit und das gesamte Leben sinnvoll, froh und optimistisch gestaltet.
Klaus Heimbach hört immer noch den Engländer:
Ich verstehe sehr wohl das Gefühl, gebundene Hände zu haben. Wenn ich Ihnen trotzdem einen Rat geben darf, so würde ich an Ihrer Stelle meine Fähigkeiten und meine Intelligenz auf jeden Fall durch Wissen erweitern. Größeres Wissen ist nämlich eine stärkere Waffe, als einfach darauf zu warten, dass ein antikommunistischer

Widerstandskampf von irgendjemand organisiert wird. Unsere Aufgabe ist es bestimmt nicht, so etwas zu organisieren. Ich halte es aber für meine Pflicht, Sie darauf aufmerksam zu machen, dass Sie durch selbständiges Denken und auch Lernen etwas Nützliches für sich und für Ihre Gesellschaft tun können.

Klaus Heimbach schreibt seine Idee auf:

Zur Bekämpfung sich zeigender feindlicher Erscheinungen sollten die Jugendlichen für die inoffizielle Zusammenarbeit mit Diensteinheiten des MfS gewonnen werden.

Während Klaus Heimbach schreibt, kommt Karl-Heinz Borchardt, der lieber mehr lesen, lieber Literatur studieren würde, in einem Betrieb für Nachrichtenelektronik in Greifswald unter und beginnt einen Facharbeiterlehrgang.

In dem Betrieb wird vor allem für die Armee gearbeitet. Es werden Richtfunkgeräte gebaut mit Halbleiterelektronik von Siemens. Auch für den Export in verschiedene arabische Länder.

»Noch so ein Witz«, sagte Karl-Heinz Borchardt.

Während Karl-Heinz Borchardt Richtfunkgeräte baut, schreibt Hauptmann Klaus Heimbach, wie Jugendliche geworben werden sollen und können, was dabei besonders berücksichtigt werden müsse. Als geeigneten Zeitpunkt für die Suche, Auswahl und Aufklärung und spätere Anwerbung sieht er die Beendigung der 10. Klasse

der EOS und den feststehenden Übergang in die Abiturstufe. Bei politisch operativ auffällig gewordenen Jugendlichen sei der Wiedergutmachungswille Ansatzpunkt zum Gewinnungsprozess, konspirative Zusammenkünfte sollen alle 14 Tage stattfinden, der Werbungsort ist von den bestehenden Möglichkeiten ausgehend gut auszuwählen, um den störungsfreien Ablauf der Anwerbung zu garantieren.
Klaus Heimbach kann liefern. Der KD Greifswald liegt ein Untersuchungsergebnis vor, welche IM/GMS an EOS in den Jahren 1969, 1970 und 1971 geworben werden können, wo und wie.
Er ist sehr zufrieden. Er würde erfolgreich den gesellschaftlichen Umweltfaktoren entgegenwirken. »Umweltfaktoren« wie Unverständnis im Elternhaus, mangelhafte sexuelle Aufklärung, Verführung durch Gleichaltrige und Erwachsene, Einfluss imperialistischer Massenmedien mittels der sogenannten Sexwelle, der Pornografie, die zu einer Gefahr des sexuellen Abgleitens zu sexuellen Fehlhandlungen (Fetischismus, Exhibitionismus, Homosexualität) führten und damit zu kriminellen oder staatsfeindlichen Handlungen.
Die Diplomarbeit soll nur der Anfang sein.
Im Februar 1972 schließt Hauptmann Klaus Heimbach seine Diplomarbeit erfolgreich ab und reicht sie bei der Juristischen Hochschule Potsdam ein. Die Kaderschmiede des MfS.

Karl-Heinz Borchardt sieht endlich ein Licht am Ende des Tunnels. Er ist auf den Zug aufgesprungen und fährt nun auf die Tunnelöffnung zu. Seit September 1973 besucht er die Volkshochschule in Greifswald. Mitte 1974 legt er dort sein Abitur ab. 1974 macht er seinen Abschluss als Elektromontierer.

»Meine Abschlussarbeit behandelte die Zener-Diode. Zur Stabilisierung des Stromverbrauchs«, sagte Karl-Heinz Borchardt.

Und sein Mädchen?

»Sie war auf Karriere getrimmt in der DDR. Sie blockte jeden Kontakt ab.«

Und seine Freunde?

»Die Einzige, die keine Angst hatte, mit mir gesehen zu werden, war eine, die einen Ausreiseantrag gestellt hatte.«

Es bleiben die Leute von der Jungen Gemeinde.

Im September 1974 bewirbt sich Karl-Heinz Borchardt zum Studienjahr 1975/76 an der Karl-Marx-Universität in Leipzig. Und erhält im Januar 1975 eine Ablehnung.

»Bei einem Umlenkungsgespräch an der Rostocker Uni sagte man mir, dass der Grund dieser Ablehnung meine Vorstrafe ist, die erst im September 1976 gelöscht wird.«

Am 20. April 1975 schreibt Karl-Heinz Borchardt an den Bezirksstaatsanwalt von Rostock:

»Daraus ergibt sich meine Bitte: Ich möchte mich im September 1975 erneut für ein Direktstudium bewerben. Mit Beginn des Studienjahres 1976/77 würde meine Vorstrafe gelöscht sein, allerdings noch nicht im festgelegten

Bewerbungszeitraum, und ich befürchte deshalb eine erneute Ablehnung. Ich bitte Sie deshalb, eine vorzeitige Löschung meiner Vorstrafe zu befürworten.«
Ein Studium nimmt Karl-Heinz Borchardt erst 1977 auf. Geschichte. Von 1981 bis 1984 folgte ein Forschungsstudium. Schwerpunkt DDR-Literatur.
Er promoviert.
Er wird zunächst als Mitarbeiter an die Uni Greifswald übernommen.
Da jeder Mitarbeiter der Germanistik auch Auslandskader sein muss, gibt es eine Untersuchung.
Nach der Untersuchung gibt es einen Bericht.
Karl-Heinz Borchardt sagte: »Vom Feldwebel bis zum Oberst haben alle diese eineinhalb Seiten unterschrieben. Der schönste Satz war: Es ist davon auszugehen, dass Borchardt kein Verhältnis zur DDR hat.«

Karl-Heinz Borchardt wird Kartenverkäufer.
Die Uni hat eine Kulturabteilung.
Es gibt auch für die Kultur einen Plan. Von der Einladung der Gäste über die Durchführung bis zur besenreinen Übergabe des Veranstaltungsortes und den Kartenverkauf.
»Nach 1989 habe ich einmal in meinen Lebenslauf geschrieben, ich sei wahrscheinlich der qualifizierteste Kartenverkäufer der DDR gewesen.«
Erst am 1. April 1990 wird Karl-Heinz Borchardt an der Universität in Greifswald fest angestellt.

Dreißig

Harrison bekommt Starkmanns »duty report« erst nach über einem Jahr zu sehen. Also 1972, im November.
Er schreibt in seiner feinen Handschrift:
Leider habe er erst jetzt A. Starkmanns Bemerkungen über »Briefe ohne Unterschrift« gelesen. »Ich glaube, es lohnt sich durchaus, diese Diskussion zu führen.«
Vielleicht seien viele Menschen, die an Massenmedien schreiben, Sonderlinge. Und zweifellos schrieben auch Sonderlinge an die BBC. Doch jene, die Ausdrücke wie »Der Russe«, »Bonbonträger« usw. verwendeten, seien ein großer Teil der Bevölkerung.
Die Frage sei doch die: »Sollen wir diese Briefe ernst nehmen, auch wenn wir das Risiko eingehen, dass wir uns nicht auf dem Niveau einer kleinen hochintellektuellen Minderheit bewegen? Ich möchte dieses Risiko weiterhin eingehen.«

Darum:

Es gibt hier viele Hörer Ihrer Sendungen, aber keiner darf eben in der Öffentlichkeit darüber reden. Es ist eben alles mit Gefahr verbunden, und wer für den Westen Propaganda macht, dem widerfährt, wenn er an einen 100% Genossen gerät, Böses. Man muss sich seine Gesprächspartner schon genau ansehen. Viele Menschen hier sind mit dem Regime nicht einverstanden, aber die Übermacht ist zu groß. Manche sind auch sehr gleichgültig und auch viele sind Mitmacher. Doch auch mancher Genosse ist nicht mehr einverstanden. Das merkt man aus den Gesprächen heraus, was bleibt denen aber weiter übrig, als mitzumachen, um ihre Posten zu halten. [...] Doch die Wahrheit lässt sich nicht aufhalten. Viele unserer Landsleute würden lieber heute als morgen die Heimat verlassen und nach dem Westen gehen. Aber meine Meinung ist: Man kann auch in der Zone etwas für die Einheit tun, in dem man die Menschen richtig aufklärt und alles, was die Genossen hier anbringen, widerlegt. Der Westen müsste uns nur dabei durch Funk und Fernsehen mehr unterstützen.

Harrison schreibt, oftmals »reden wir viel zu intellektuell«. Wenn das die Regel würde, ginge die BBC ein anderes Risiko ein: »Wir verlören den größten Teil unserer Hörer. Wir schlössen uns in ein intellektuelles Ghetto ein.«
Immerhin hatte Starkmann einräumen müssen: Harrisons Auswahl der Briefe und seine Kommentare sorgten stets für Ausgewogenheit.
Harrison schreibt weiter: »Vergessen wir nicht, was ›BoU‹ auszeichnet.
a) es ist authentisch, zeigt, was die Menschen wirklich denken, oder versuchen zu denken.
b) auf unserem niedrigen intellektuellen Niveau, um es derb auszudrücken, helfen wir den Leuten, klare Meinungen zu formulieren.«
Dass das, was die Schreiber durch ihn in seiner Sendung in der Phase der politischen Annährung sagten, nicht immer

politisch opportun war, weiß er. Das war es auch in England nicht. Die britische Regierung strebte gute Beziehungen mit der DDR an. Das hatte Auswirkungen.
Harrison schreibt auch noch: »c) Und ich finde, das ist wichtig! In dieser Sendung hat eine Person mit all diesen Briefen zu tun. Brächten wir nur das Hochintellektuelle, gäbe es bald den Ruf nach ›Experten‹. Aber hier ist ein Mann, der immer da ist, der persönlich angesprochen, beschimpft und auch geschmäht werden kann.«
Er, Austin Harrison, der sich immer erst das Jackett auszieht, bevor er sich vor das Mikrofon setzt und zu dem einen Menschen spricht, der geschrieben hat, der sich in unendlich viele Zuhörer verwandelt, will weiter dieser eine Mann sein, auch wenn der schärfere Wind jetzt nicht mehr nur aus östlicher Richtung weht.

In einem Brief vom 30. März 1973 liest er:

Werter Herr Harrison!
Ich habe soeben die Meinung der Dame mit dem Kennwort »Elephantenbulle« vernommen. Diese Worte forderten mich zu einem Widerspruch heraus, dass ich, obwohl ein langjähriger Hörer des deutschen und englischen Dienstes der BBC, sofort zur Feder greifen muss. Ich bin erstaunt über die demokratische Grundhaltung jener Schreiberin. Sie ist Jahrgang 26, ich bin 20 Jahre jünger. Hoffentlich ist ihr nicht wegen des Altersunterschieds der Respekt vor der Wahlentscheidung all jener Bundesbürger, die sich für Herrn Brandt, für seine Partei, für seine Außenpolitik entschieden, entgangen.

Gewiss sind auch Entscheidungen, die die Innen- und Wirtschaftspolitik betreffen, nicht unbestritten, doch welcher Kanzler seit dem unseligen Kriege hat uns Deutsche denn schon ein Stück nähergebracht? Da gibt es doch nur den Namen Brandt! Alle davor konnten den 17. Juni und den 13. August mit Folgeerscheinungen nicht verhindern. Herr Brandt schlug mit seiner Politik viele kleine Löcher in Mauer und Eisernen Vorhang, Menschen und Ideen passieren. Das ist das Großartige daran. Natürlich kann von allgemeiner Freizügigkeit nicht die Rede sein, dazu war die Situation viel zu verfahren. Wieso stürzt Herr Brandt nach Meinung jener Hörerin das deutsche Volk wieder ins Unglück? Die Dame will sich doch mal an das große »Glück«, das als Folge des »Großen Kanzlers und Führers« auf unser Land herabregnete, erinnern, ich kann es nicht, weil ich erst danach zur Welt kam. Die damals eingebrockte Suppe darf ich aber mitauslöffeln! Ich wünsche Herrn Brandt weiterhin solchen Erfolg. An der Seite der anderen westeuropäischen Staaten ist der eingeschlagene Weg der richtige für Deutschland, für ein freies Europa.
Es grüßt der Hörer mit dem Kennwort »Suppenlöffel«

Harrison reist auch 1973 nach Westberlin, von Westberlin nach Leipzig, von Leipzig zurück nach Westberlin. Er geht zum Savignyplatz Nr. 6, wo er nicht mehr Johnson trifft, sondern Treharne Jones.
Mit Jones fährt er auch schon mal nach Ostberlin. Weil

Jones eine Military Identy Card hat, müssen sie nicht lange am Checkpoint warten. Harrison findet das angenehm.

Die Stasi notiert einmal mehr:
An seiner Zielstellung, die sozialistische Gesellschaftsordnung, insbesondere die Herausbildung des sozialistischen Bewusstseins zu untergraben und ihre Bürger in Widerspruch zur Politik von Partei und Staatsführung zu bringen, hat sich nichts geändert.
Konzeptionen und immer neue Konzeptionen werden entworfen, zur Abwehr der […] Feindtätigkeit gegen die DDR.
Zuallererst soll der Mechanismus der Zusammenarbeit mit anderen staatlichen Stellen und nachrichtendienstlichen Einrichtungen erkundet und dokumentiert werden. Das wiederum soll dazu dienen, Kontakte zur entsprechenden Abteilung des Senders BBC zu knüpfen!
Die Stasi will Informanten in Westberlin einschleusen. Dafür muss sie inoffizielle Mitarbeiter mit für diese Hetzsender interessanten Persönlichkeits- bzw. Tätigkeitsmerkmalen auswählen.
Für die IM werden Legenden erarbeitet, individuell abgestimmt und variiert.
Grundlagen für die Legendierung – wieder eine solche Worterfindung – können sein:
– Korrespondentenwünsche zur

Vervollkommnung der englischen Sprachkenntnisse bzw. das Interesse für eine später zu schließende persönliche Bekanntschaft

- Austausch von Meinungen zu fachspezifischen Fragen oder bestimmten persönlichen Ambitionen
- vorgetäuschte negative Grundhaltung zur DDR
- Interesse an sog. objektiven Informationen auf dem Gebiet der Politik und anderen gesellschaftlichen Bereichen
- besonderes Interesse für westliche Musik (Beat) verbunden mit anderen Anknüpfungspunkten!

Das MfS will auch wissen: Gibt es besonders in der BBC Kräfte, die die Sendung ‚Briefe ohne Unterschrift' für nutzlos und überholt halten?

Das MfS arbeitet verbissen.

Es analysiert die Rolle westlicher Rundfunksender, es erarbeitet »Täterstrukturen«, um die Verfasser von Briefen schneller ermitteln zu können, es kann mittlerweile auf ein speziell angefertigtes Klassifizierungssystem »für beschriebene Briefumschläge« an westliche Sender zurückgreifen, seit einem Jahr werden zum Vorgang »Werfer« monatliche Berichte verfasst.

Es gilt, Harrison und Jones ein für allemal zum Schweigen zu bringen.
Beide werden beschattet, belauscht, fotografiert.

Aus einer dpa-Meldung erfahren Harrison und Jones, dass der Ostberliner Rundfunksender »Stimme der DDR« schwere Vorwürfe gegen den deutschsprachigen Dienst der BBC erhoben habe, nämlich, dass sich der deutschsprachige Dienst der BBC London in die inneren Angelegenheiten der DDR einmische.
In Zeiten der politischen Entspannung in Europa wirke der Deutsche Dienst von BBC milde gesagt »anachronistisch«.
Der DDR-Sender habe darauf hingewiesen, dass die Regierung in London in nächster Zeit mit der DDR normale diplomatische Beziehungen aufnehmen werde. Zu den Prinzipien normaler staatlicher Beziehungen gehöre aber auch das Nichteinmischen in die inneren Angelegenheiten eines anderen Staates.
Lachhaft, denkt Jones.
Und Harrison: Innere Angelegenheiten, so werden also die Menschen genannt, die an uns schreiben.

1974 liest er:

Kennwort »boy«!
Ich hörte Ihre letzte Sendung vom 4. Januar und möchte Ihnen mein Klassenbewusstsein mitteilen. Ich lebe seit 15 Jahren im Sozialismus. In der angeblichen sozialistischen DDR. Von der ich meine, dass sie sich in den letzten Jahren als stärkster und größter Ausbeuterstaat

der Erde entwickelt hat. Was wäre denn, wenn sie von den anderen Staaten nicht anerkannt worden wäre? Dann würde *sich der heißgeliebte Sozifübrer Willi Stoff (Wiederholung: Stoff) in die Nesseln setzen und sein affiges Grinsen unterlassen. Sogar in den Tageszeitungen ist er abgebildet. Aber wie heißt es doch: »Wer zuletzt lacht, lacht am besten.« Das Volk ist die Masse, die zuletzt lacht. Aber man kann sich ja nicht einmal auslassen, seine Meinung sagen. Ich schäme mich manchmal, dass ich im Sozialismus lebe und auch noch in der DDR. Der einzigste und von mir angesehenste Mann aller Zeiten ist und bleibt Alexander Solschenyzin, der offen seine Meinung der Welt mitgeteilt und seine Hand dafür ins Feuer legt, wenn er mal zur Rechenschaft gezogen wird. Wenn ich Ihnen mitteilen würde, was in der DDR oder in den Schulen im Staatsbürgerkundeunterricht gelehrt wird, so würden sie nur den Kopf schütteln und sagen »Arme DDR, was quält sie sich, ihr Ende ist nah.«*
Vielen Dank, Ich bin erst 15 Jahre alt.

Ab Januar 1974 unterhält Großbritannien, das bereits ein Jahr zuvor diplomatische Beziehungen mit der DDR aufgenommen hatte, mit der Ankunft des Botschafters Herbert Ben Curtis Keeble in Ostberlin als erstes Land der drei Westalliierten eine voll arbeitsfähige diplomatische Vertretung bei der Regierung der DDR.

Ein Briefeschreiber:

Einem aufmerksamen Zuhörer ist es nicht entgangen, dass sich beim German Department der BBC gewisse Schwierigkeiten wegen der Anerkennung der SBZ durch das United Kingdom ergeben haben. Brandt beruft sich auf die Zustimmung seiner westlichen Freunde und diese zitieren Brandt, um ihr Verhalten zu rechtfertigen. Mit der Anerkennung der SBZ ist man an die Einhaltung gewisser Spielregeln gebunden, deren Anwendung man sich auch von der kommunistischen Seite wünscht. Es ist erwiesen, dass die in kommunistisch verwalteten Ländern residierenden westlichen Diplomaten das Los dieser Völker eher verschlechtert als verbessert haben. Weil mit diplomatischen Beziehungen die Anerkennung und Absicherung der jeweiligen Einflusssphären erreicht werden soll. Wenn es um die Verbesserung der Lage der Menschen im gespaltenen Deutschland geht, warum spielt dann das Prestigebedürfnis der Sowjetkommunisten eine so große Rolle? Geht es hier entsprechend der UN-Charta um das Selbstbestimmungsrecht oder um die Anerkennung des sowjetischen Besitzstandes zum Vorteil der Machtblöcke und nicht der betroffenen Menschen?

Im März notiert das MfS zu Harrison:

`Gegenüber Repräsentanten der DDR, die im Auftrag staatlicher Organe mit H. sprechen, tritt er überheblich und arrogant auf. Gegenüber Verbindungspersonen` – damit meint die Stasi IM – betone er, `dass ihm diese Beamten (leitende`

Funktionäre des MfAA der DDR) ‚eine Nummer zu klein‘ seien, da sie nur die Politik von Partei und Staatsführung bzw. der DDR vertreten und keine eigene Meinung besitzen. Leitende Angestellte der Botschaft der DDR in Großbritannien bezeichnete er als ‚dumm und ahnungslos in taktischen Fragen‘.

Harrison liest:

In Ihrer Sendung vom 1.2.1974 verlasen Sie einen Hörerbrief, in dem die Ostpolitik von Willy Brandt sehr scharf angegriffen wurde. Ich möchte den Verfasser dieses Briefes einmal fragen, ob er sich schon einmal Gedanken darüber gemacht hat, was er hier in der DDR dafür tun kann, um unsere Regierung zum Einlenken zu zwingen, auf diese Ostpolitik einzugehen. Unsere Regierungsbonzen haben sich in ihrer dogmatischen überspitzten Abgrenzungspolitik als die Hauptstörenfriede in Europa und als entspannungsfeindlich entlarvt und damit dem Ansehen der DDR in der ganzen Welt geschadet. Es sollte deshalb die Pflicht eines jeden DDR-Bürgers sein, bei jedem vertretbaren Risiko eine solche Politik, die nur den reaktionären Kräften in der Bundesrepublik dienen kann, zu bekämpfen. Das Schimpfen auf Willy Brandt und seine Ostpolitik geht an die falsche Adresse! Konzentrieren wir unsere Kräfte lieber darauf, unsere Regierung zum Einlenken zu zwingen.

Das MfS notiert: Im Rahmen der Bekämpfung der politisch-ideologischen Diversion und ihrer Zentren steht vor den Organen des MfS eine verantwortungsvolle Aufgabe, die den verstärkten Einsatz ehrenamtlicher Mitarbeiter erfordert.
Ehrenamtlich!, dächte Treharne Jones, dächte Austin Harrison.

Am 15. März ist Harrison in Leipzig zur Frühjahrsmesse. Die Beobachtung wurde um 7.15 bis 19.45 Uhr am Messequartier begonnen.
Der Tag ist voller Begegnungen auf dem Gelände der technischen Messe, im Pressezentrum, im Ausländertreffpunkt, im Ratskeller.
Am 16. März schon verlässt Harrison Leipzig. Um 14.45 Uhr erreicht er den Grenzkontrollpunkt Drewitz. Zu bemerken ist, dass er sein Fahrzeug auf dem Parkplatz Kilometer 57,5, auftankte.

Im April lässt Harrison von *SOS helft uns* verlesen:

> *Die sogenannte »DDR« bietet uns so viel »Freiheit«, »Demokratie und Hochgefühle an soz. Lebensverhältnissen«, dass wir es vorziehen, in den »krisengeschüttelten und monopolkap. Westteil« unseres Vaterlandes überzusiedeln. Wir sind sehr froh, dass diese Sendung existiert und voller Hoffnung zugleich: Wird uns geholfen werden?!?*

Harrison bekommt in London aber auch Worte wie *Moraltrompeter, Dummquatscher, krankes Wesen der Pathologie, verhinderter Palästina-Pilger zum Heiligen Land, Lügenstudio* zu lesen.
Immer mehr Hassbriefe.
Die Zahl der anderen Briefe geht insgesamt stark zurück.
Bei der BBC im Bush House fragt man sich, ob es an der erhöhten Wachsamkeit in ostdeutschen Postämtern liege oder Teil einer konzertierten Kampagne der kommunistischen Machthaber gegen diese Sendung sei?
Es könne schließlich kein Zufall sein, dass die Sendung, die Mitarbeiter und der Sprecher A. Harrison seit Anfang des Jahres Ziel bösartiger Attacken vor allem von Radio Moskau und Radio Prag seien. Zeitgleich seien hasserfüllte Briefe aus Ostdeutschland eingetroffen.

Austin Harrison und Treharne Jones kann ihre Arbeit oder, so formulierte es die Stasi, `ihre Tätigkeit gegen die Deutsche Demokratische Republik oder andere friedliebende Völker` Freiheitsstrafen von zwei bis zwölf Jahren einbringen.
Das wissen Jones und Harrison nicht.
Sie machen ihre Arbeit.
Sie machten sie auch, wüssten sie es, oder wüssten sie, dass im April ein »Instruktionstreff« mit Hans-Albert Pederzani stattfindet.
Pederzani soll sich besonders auf Treharne Jones konzentrieren.
Auf folgende Punkte soll Pederzani achten:

Wann kam Jones (Datum und Uhrzeit)?
Wer war in seiner Begleitung und wer war zur gleichen Zeit in ihrer Wohnung?
Für wen interessierte sich Jones?
Hierbei ist zu beachten, welche Ereignisse und Personen er in den Mittelpunkt seiner Gespräche stellt und zu welchen kulturpolitischen bzw. allgemeinpolitischen Problemen er konkret Fragen stellt. Bei Äußerungen von Seiten Jones ist zu beachten, ob Jones schon über konkrete Informationen verfügt, die er sich bei seinen Kontaktpartnern in der Hauptstadt der DDR einholte.
Wann verließ Jones die Wohnung (Uhrzeit)?
War aus den Äußerungen und dem Verhalten des Jones zu schließen, ob er weitere Kontaktpersonen aufsucht?
Nach den Besuchen von Jones soll Pederzani sich telefonisch melden und Bericht erstatten.
Das Kennwort: ‚Guten Tag Genossin Wehmut! Das Drehbuch habe ich heute erhalten‘.

Im Juni sagt Jones in Berlin im Radio:
»Der Sonnabend bot mir ein eindrucksvolles Schauspiel, konnte ich doch Tausende von DDR Jugendlichen sehen, wie sie in schier endlosen Wellen Unter den Linden entlangmarschierten. Da loderten die Fackeln, Losungen wurden gebrüllt, Marschmusik erfüllte die Luft, Transparente

schwankten über den Köpfen. Der Eindruck war wie von einem nicht aufzuhaltenden, nicht einzudämmenden Strom nach vorn. Wie die FDJ-Leitung es sich halt wünscht, die Jugendlichen feierten den 25. Jahrestag der DDR. Als auch ich das alles sah, drängte sich mir der Gedanke auf, wie oft wohl in ferner Vergangenheit diese Straße, diese Gebäude Schauplatz ähnlicher Demonstrationen gewesen sein würden.«

Im Juli 1974 wird die Sendung »Briefe ohne Unterschrift« ohne Angabe von Gründen aus dem Programm genommen. Im November des gleichen Jahres kehrt Treharne Jones nach England zurück.

Die Stasi notiert: `Es wurden Maßnahmen eingeleitet, um die Tätigkeit und Aktivitäten des neuen Korrespondenten unter operative Kontrolle zu bekommen.`

Einunddreißig

Ein Ende ist auch immer ein Anfang.

Harrison, Johnson, Jones.

Ich hatte einiges herausgefunden.

Johnson hatte Bücher geschrieben.

Mit Mister Jones habe ich gesprochen.

Harrisons Spur hat sich verloren.

Ein Eintrag in den Akten von September 1974, in der »monatlichen Berichterstattung« über »Werfer«: `Der Mitarbeiter der deutschsprachigen Sendung der BBC-London Harrison wird zur Frühjahrsmesse in Leipzig das letzte Mal in die DDR einreisen. Eine Begründung dieser Absicht gibt es nicht.`

Der Eintrag sollte nicht das letzte Wort zu Harrison sein.

Ich fragte noch einmal Herrn Burkart.

Er hatte in den 1970er Jahren mit Austin Harrison korrespondiert.

Aber dann?

Ich fragte noch einmal Treharne Jones.

Er schrieb, die BBC-Rentenabteilung habe gesagt, einen Harrison mit dem Geburtsdatum 28. April 1916 existiere in ihren Unterlagen nicht.

Aber es war Harrisons Geburtsdatum.

Er wäre einhundert Jahre alt.

Er ist gestorben, dachte ich.

Hans Sahl schrieb: »Wir sind die Letzten. Fragt uns aus. Wir sind zuständig.«
Harrison hat gefragt und all diese privaten Einblicke erhalten, aus all diesen Leben, in all diese Leben.

Noch einmal blätterte ich durch die Jahre, ließ die Menschen in mein Leben, die nicht zu reden aufhören wollten. Oder sollte ich besser sagen: Sie hören nicht auf zu reden.

Jemand 1957:

Ich selbst bin Mitglied der SED, die Umstände, die mich zu dieser Partei gebracht haben, sollen hier nicht aufgezeigt werden. […] Können wir heute, ohne uns und vor allen unserer Familie zu schaden, einen Austritt aus der SED wagen? Nach den verbrecherischen Methoden der Russen in Ungarn müsste man aber den Schlussstrich ziehen. Das innere Gewissen würde man dann erleichtern, die Folgen für die Familien mit kleinen Kindern würde aber Not, Elend und ein Verlassen der Heimat mit allem mühsam erworbenen und liebgewordenen persönlichen Hausstand bringen. Es ist sehr schwer, beides richtig abzuwägen.

Oder 1959:

Jeder Erfolg ist ein Baustein für den Sozialismus und hebt unseren Lebensstandard. Deshalb ging ich heute mit stolzgeschwellter Brust zur Arbeit, als ich kurz vorher im Nachrichtendienst der DDR erfahren hatte, dass sich unser Volkseinkommen um 22 Millionen DM verbesserte, da man die Löhne in der Lebensmittelindustrie erhöht hat. Man bedenke, 22 Millionen. Wenn ich diese Summe in 1,– Markstücken nebeneinander lege, dann könnte ich eine Reihe von Berlin bis Amsterdam, das sind 555 km, legen. Da ich aber aus Sicherheitsgründen unsere DDR nicht verlassen darf, weil mir die habgierigen Kapitalisten das wertvolle Silber gleich abnehmen werden, lege ich meine Geldstückreihe von Rostock nach Halle. Zweiundzwanzig Millionen! Ich sehe im Geiste unsere kleinen süßen Schokoladenmädchen vom VEB Rotstern und die nette saubere Verkäuferin aus dem Delikatessengeschäft »Banane«, wie sie ihren Lohnzuschlag in Kleider, Strümpfe und Schuhe umwandeln, wie die kunstseidenen Kleidchen aussortiert werden, um dem Chinabrokat und der Naturseide Platz zu machen. […] Unser Lebensstandard erhöht sich täglich. Millionen reihen sich an Millionen und bald reicht die Strecke der aneinandergereihten Markstücke nicht nur von Berlin nach Amsterdam, sondern zum Monde, und deshalb ist es nicht verwunderlich, wenn wir alle in den Mond gucken …

Unter dem Kennwort *Ein Heuchler* jemand 1960:

Wir werden niemals Kommunisten werden, doch der Selbsterhaltungstrieb erfordert zu heucheln. Es heucheln bei uns alle im Betrieb, auch die Parteigenossen. Sie geben es unumwunden zu. Die ganze Ostzone ist auf Lug und Trug und Gaunerei und Diebstahl aufgebaut. Wir sind ganz gerissene Schauspieler. Im Betrieb sind wir Kommunisten, haben wir das Fabriktor verlassen, hassen wir die Kommunisten wie die Pest. In der Ostzone werden nur Heuchler erzogen.

Was auf der Seele lag, unter den Nägeln brannte, gelangte in Briefen an den Londoner Rundfunk.
Manches klang, als wäre es gerade geschrieben worden, wie dies von 1960:

Wann kommen endlich die »Vereinigten Staaten von Europa«? Nach diesen vielen bluttriefenden Kriegen in Europa wäre es an der Zeit, das »Vereinigte Europa« aus der Taufe zu heben? Hierbei darf England als führende Macht nicht abseits stehen. Es muss die Rolle dabei spielen, die ihm gebührt. Wozu die Teilung im wirtschaftlichen Bereich in EWG und Efta? Da freut sich nur Russland, ihm werden die Karten in die Hand gespielt. Die Zerrissenheit Europas kann einzig und allein nur dem Ostblock nützlich sein. Sind erstmal England, Frankreich, die Bundesrepublik, Italien u. s. weiter vereinigt, so werden Gegensätze in den Auffassungen einiger Länder bald als kleinlich hinweggefegt. Kleinlich wären diese Gedanken gegen die riesige Bedrohung aus dem Osten. Ein vereintes Europa könnte die Zölle herabsetzen, die Rüstungsausgaben kürzen. Wir bräuchten nur eine europäische Sicherheitspolizei. Der Ostblock würde nicht wagen, das gesamte Europa anzugreifen. Es würden sich noch viele kleinere Staaten an das Europa anschließen. […] Die fähigsten und klügsten Köpfe unserer Europa-Staaten säßen im Europäischen Parlament. Durch europäische freie Wahlen würde man die richtigen herausfinden, welche unsere Geschichte führen können. Es wäre ein Leben ohne Furcht.

Nur drei Tage nach dem Mauerbau ein Gedicht:

Wenn die Thälmannstraße wieder
Gartenstraße heißt
Man nicht nach Karl-Marx-Stadt,
sondern Chemnitz reist,
wenn der Spitzbart nicht mehr
in der Zeitung steht
und Herr Schnitzler nicht mehr
garstig kräht
Wenn die Lüge nicht mehr triumphiert
Und die Schule nicht mehr Hass gebiert
Wenn wir ohne Zwang zur Urne gehen
Und die Zuchthaustore offen stehn,
wenn der Rundfunk nicht mehr wird gestört
wenn die reine Wahrheit wird wieder gelehrt
wenn man wieder atmet in
dem hellen Schein
ersehnter Freiheit, dann wird Friede sein!

1962 schrieb *Prima Obst:*
In der Nähe der Frankfurter Allee und dem Bersarinplatz ist der Weidenweg …
Ich kannte die Gegend. Vielleicht kannte Harrison sie auch. Johnson kannte sie. Und Mister Jones.

…Ecke Hübnerstraße ist ein Selbstbedienungsladen. Neulich wurden dort zum größten Erstaunen der Bewohner viele Kisten mit Obst abgeladen. Äpfel, Apfelsinen, Bananen! So etwas geht ja bei uns sofort von Mund zu Mund. Frauen, die es gerade sahen, riefen den anderen und Kindern und denen, die aus den Fenstern guckten, zu: »Heute gibt es was Feines, und 'ne Menge.« Von allen Seiten kamen die Obsthungrigen angelaufen und stellten sich an, wie das hier so üblich ist. Dann mussten aber alle zurücktreten, weil das erst gefilmt wurde. Schön, macht ja nichts, wenn's ein bisschen länger dauert. Als die Filmerei erledigt war, wurden zu dem noch größeren Erstaunen der Leute auch die Kisten wieder aufgeladen. Der Lastwagen fuhr davon und einer, der vorne stand, hatte gesehen, was in den Kisten und Käfigen war, und nun werdet ihr es wieder nicht glauben, es waren Attrappen.

Auch das von 1972 klang, als wäre es gerade geschrieben worden:

Selbstverständlich haben wir die gleiche Sprache, die uns verbindet. Aber bitte, sprechen wir denn wirklich noch die gleiche Sprache, d. h. verstehen wir uns so wie früher vor der Trennung? […] Spätestens nach dem 3. Satz weiß man genau, ob es ein ost- oder ein westdeutscher Sender ist. Hinzu kommt noch, dass gleiche Wörter oder Vokabeln unserer gemeinsamen Sprache hier und drüben gar nicht mehr den gleichen Sinn, die gleiche Bedeutung haben. Beispiel: Wahlen, Meinung des Volkes, Kultur, freie Meinungsäußerung etc.

1973 schrieb einer über etwas, was kaum noch vorstellbar war:

[...] Uns trennen die nackten Dielen nur noch vom Keller. Alles andere ist schon zusammengekracht. Die ganzen Möbel stehen schon schief. Kohlen sind sehr teuer. 400 Mark, die ich verdiene, verbrauche ich alle für Kohlen, wenn ich es warm haben will. Das zieht in der Wohnung wie in einem Affenstall, da haben die Kühe und Schweine der LPG bessere Behausungen. [...]

Der Brief war nicht in London angekommen.

Auch das, was ein vierzehnjähriges Mädchen 1974 schrieb, fing der Staatssicherheitsdienst ab.

[...] wenn wir uns westliche Sender im Radio anhören oder Westfernsehen gucken, so stehen wir immer zwischen 2 Welten und wissen uns keiner unterzuordnen. Aber das stimmt. So z. B. in unserer ersten Jugendstunde sagte uns der Genosse: »Wer von euch Westfernsehen guckt, der holt sich den Feind mitten ins Wohnzimmer.« Ich finde, das ist übertrieben. Leider habe ich vom Feind in unserem Wohnzimmer noch nie was gesehen.

All diese Briefe – von Schülern, Rentnern, Studenten, Bauern, Lehrern, NVAlern, Hausfrauen, Arbeitern, Studenten, Akademikern, Frauen und Männern – sind Austin Harrisons Vermächtnis.

Gelesen hatte ich: *Für jede Minute der Sendung »Briefe ohne Unterschrift« würde ich der BBC eine Million DM zahlen, denn soviel wert ist mir eine freie Meinung [...]*

Zweiunddreißig

Miss Marple hat gesagt: »Er mag seine Tür ruhig vor der Welt verschließen, Mr. Stringer, aber er muss damit rechnen, dass manchmal daran geklopft wird.«

Ich sah mir das Foto von Austin Harrison an, das mir Herr Burkart gegeben hatte.

Dunkler Anzug, helles Hemd, Fliege. Brille. Verschmitztes Lächeln. Weltmännisch.

Ich dachte, sollte er noch leben, werde ich ihn finden.

Sollte er nicht mehr leben, werde ich etwas über ihn finden.

Das Internet. Ich gab einmal mehr »Austin Harrison« ein.

Wieder der Eintrag Austin (Frederic) Harrison, britischer Journalist und Publizist, geboren 1873, gestorben 1928.

Herr Burkart hatte gesagt, Austin Harrison wurde Tim genannt.

»Austin Harrison« und »Tim«, das hatte ich noch nicht versucht.

Gleich ganz oben in der Suchmaschine der Link zu einem Buch: »Austin Frederic Harrison and the English Review« von Martha S. Vogeler.

Darunter: »My greatest debt in writing this book is to the late René Austin Harrison (Tim) …«

Das ist er, dachte ich.

Ich klickte den Link an. Konnte weiterlesen. Besuche bei Tim und seiner Frau Margaret in Colchester …

Colchester. Nur wenige Kilometer südöstlich davon liegt

Fingringhoe, wo Austin Harrison sein Haus mit Rosengarten hatte.

Das musste er sein!

Dass er verheiratet war, wusste ich bisher nicht.

Margaret. Jetzt hatte ich einen Namen.

Wann hatte er geheiratet?

Ich las von einer Schwester.

Es waren nur wenige Hinweise, doch sie reichten mir, um das Buch zu bestellen.

Als ich es endlich in der Hand hielt, las ich: »Harrison is a curiosly missing person in some accounts«.

Gemeint war Austin Frederic Harrison.

Das traf zweifellos auch auf Tim zu.

Ich las weiter.

Austin Frederic Harrison studierte in Harrow. Sprach mehrere Sprachen. Auch Deutsch. Der Vater, Jurist und Börsenspekulant, hätte ihn gerne im Foreign Office gesehen. Es gab keine freie Stelle. Also diplomatischer Dienst. Allerdings zog Austin Frederic das Schreiben vor und flog 1898 durch die Prüfung. Der Vater, reich und einflussreich, zog Strippen. Schickte seinen Sohn nach Berlin, wo er sieben Jahre blieb. Als Journalist, um seiner Neigung nachgehen zu können. Erst bei der »Times«, dann bei Reuters. Er liebte die Stadt. Das Nachtleben, die Cafés. Er las deutschsprachige Autoren.

Zurück in England arbeitete er zunächst beim »Observer«, bis er 1910 beim renommierten »English Review« landete, einer Literatur- und Politikzeitschrift, die er 1915 übernahm.

Er publizierte Autoren wie D. H. Laurence, H. G. Wells, die Brüder Huxley, kannte viele Schriftsteller persönlich, korrespondierte mit ihnen, darunter Joseph Conrad, Bernard Shaw, er publizierte internationale Autoren wie Anton Tschechow, Hermann Hesse, und auch Katherine Mansfield, Marie Slope. Er schrieb eigene Bücher. War politisch aktiv.
Austin Frederic war unkonventionell. Geld war ihm nicht wichtig. Nicht selten war es knapp. Mit vierzig heiratete er die schöne Marie, eine Amerikanerin, die Violine spielte und nicht ganz den Erwartungen des katholisch geprägten Vaters entsprach. Marie brachte zwei Töchter mit in die Ehe. Austin Frederic adoptierte sie.
Dem Buch entnahm ich auch: Austin Frederic war Humanist, kultiviert, idealistisch, liberal, progressiv, politisch. Er glaubte an die europäische Idee.
Er war Mitbegründer des PEN.
Er starb 1928. Mit gerade einmal dreiundfünfzig Jahren.
Austin Frederic Harrison war Tims Vater.

Tim war elf Jahre alt, als sein Vater starb.
Alt genug, um den Hauch, der durch das Haus Harrison wehte, zu spüren: Literatur, Musik, Politik. Ich sah mir ein Foto von Austin Frederic Harrison an. Anzug, Hemd, Krawatte. Er kleidete sich gerne auffällig. Verschmitztes Lächeln. Weltmännisch.
Ich sah seinen Sohn.
Als Mann lebte Tim, was sein Vater ihm in den wenigen Jahren mit auf den Weg gegeben hatte.

Tim studierte in Harrow. Sprach mehrere Sprachen. Auch Deutsch. Volontierte nach dem Studium in England bei kleineren Zeitungen. Verbrachte zwei Jahre in Deutschland, meldete sich 1939 freiwillig zur britischen Armee. Angeblich war er beim Military Intelligence Service. Auf jeden Fall war er Kanonier in Frankreich, wo sein Onkel im Ersten Weltkrieg gefallen war.

Je mehr ich in Erfahrung brachte, desto mehr Möglichkeiten hatte ich, mehr zu finden. Tim – der in Erinnerung an den Onkel René Austin hieß –, war bei Kriegsende Major in the Royal Regiment of Artillery. Diese Notiz las ich in der »London Gazette« von 1951.

Nach Kriegsende, 1946, wurde er Redakteur bei der Nachrichtenagentur Reuters, dort blieb er bis 1950, spezialisierte sich auf Deutschlandpolitik, wechselte zur BBC, wurde Berlin-Korrespondent und Vertreter des Berliner BBC-Büros.

1955 ging er zurück nach London.

In London wurde Austin Harrison Abteilungsleiter für Politik, später stellvertretender Leiter des Deutschsprachigen Dienstes.

Ab 1955 leitete er auch die Sendung »Briefe ohne Unterschrift«, hoffte auf ein irgendwann geeintes Deutschland, glaubte an die europäische Idee, glaubte vor allem an die, die ihm schrieben.

Eine Mail von Treharne Jones riss mich aus meinen Gedanken.

Er wäre »busy with Harrison« gewesen. Die computeri-

sierten Unterlagen der BBC reichten nur zwanzig Jahre zurück.
Darum hätten die nichts über Austin Harrison gefunden.
Er, Jones, hätte sich erinnert, dass Harrison irgendwo in der Nähe von Colchester gewohnt hätte.
Ja, in Fingringhoe.
Er hätte das örtliche Standesamt angerufen. Die hätten ihm gesagt, Austin Harrison wäre in der Colchestergegend gestorben.
Vielleicht in seinem Haus mit dem wunderbaren Rosengarten, dachte ich.

Und seine Frau?
Ihren Namen hatte ich ja aus dem Buch »Austin Frederic Harrison and the English Review«.
Ich gab »Margaret Harrison« und »Colchester« im Internet ein.
Gleich ganz oben in der Suchmaschine: Mrs. Beatrice Margaret Harrison.
Beatrice Margaret also.
Ich las: »…is a Company Director from Colchester Essex.«
Der Ort passte.
»The person was born 1920.«
Wenn sie es war, und sie musste es sein, war sie vier Jahre jünger als Tim.
Ich klickte den Link an:
Beatrice Margaret Harrison war von 1991 bis 1993 Direktorin des New Southgate Cemetery.

Das war der Friedhof, den Austin Harrison von seinem Onkel geerbt hatte.
Herr Burkart hatte erzählt: »Einmal kam Tim von der Messe in Leipzig zurück und sagte, Leipzig ist doch immer eine Reise wert. Er habe eine Knochenmühle gesehen. Sozialistisches Fabrikat. Er werde sie für seinen Friedhof anschaffen. Es werde drei Preiskategorien geben: billig für die grobe Mahlung, teurer für die feinere Mahlung, am teuersten für die ganz feine Mahlung. Sie, Günter, bekommen natürlich, wenn es so weit ist, einen Sonderpreis, für die ganz feine.«
Beatrice Margaret Harrison, Direktorin des New Southgate Cemetery, war Austin Harrisons Frau.
Ich gab den vollständigen Namen ins Internet ein »Beatrice Margaret Harrison«.
»Sanft entschlafen am 25. November 2015 im Colchester General Hospital. Mit 95 Jahren. Geliebte Ehefrau des seligen René Austin Harrison.«

Von meinem Schreibtisch aus blickte ich auf eine Birke. Ihre Blätter waren gelblich braun. Sie kündeten vom Herbst, doch es war bereits Winter.
Es war der 25. November 2016.
Hätte ich das Buch über Austin Frederic Harrison, Tims Vater, eher gefunden, hätte ich eher von Beatrice Margaret Harrison gelesen, hätte ich sie vielleicht noch nach Austin Harrison fragen können.
Sie hätte gesagt: Tim und sie heirateten im Jahr 1957. Die Feier fand im Säulensaal des Londoner Rembrandt Hotel statt, an einem Sonnabend, 21. September.

Sie hätte gesagt: Tim liebte seine Arbeit und das Haus, The Old West House, seinen Garten, seine Rosen, schätzte gutes Essen und guten Wein, machte ihn sogar selber, ging, so oft er konnte, in das Buchantiquariat in Colchester, umgab sich gerne mit Freunden und Kollegen, reiste immer wieder auch nach Frankreich. Zusammen mit ihr. Kinder hatten sie keine.
Sie hätte gesagt: Tim war Humanist, kultiviert, idealistisch, liberal, progressiv, politisch. Er liebte das Leben.
Ich hätte gesagt: Genau so habe ich ihn mir vorgestellt.
Sie hätte gesagt: Tim ging 1975 in Pension.
Ich hätte gesagt: Ich habe nach langer Suche seine wohl letzte Sendung gefunden, wenn auch nur auf dem Papier, in der er noch einmal über »Briefe ohne Unterschrift« gesprochen hat – am 31. Januar 1975.
Sie hätte gesagt: »Briefe ohne Unterschrift«, das war fast ein Drittel seines Lebens. Er freute sich auf noch viele schöne Jahre. Es sollte nicht sein. Tim starb am 13. April 1981, kurz vor seinem fünfundsechzigsten Geburtstag.
Non fui. Fui. Non sum. Non curo – Ich war nicht, ich war, ich bin nicht mehr, mich kümmert's nicht – steht auf dem Grabstein eines römischen Stoikers.
Kurz vor seinem Tod sagte Tim: Das hätte ich gerne auf meinem.

Austin Harrison wurde auf dem Southgate Cemetery eingeäschert, in seinem eigenen Krematorium. Am 22. April. Es war eine unreligiöse Feier. So hatte er es sich gewünscht.

An Herrn Burkart hatte Margaret Harrison geschrieben: »Er war vor allem eines nicht: Ein Heuchler.«
Und: »Es wärmt mir das Herz, dass Tim so viele Freunde hatte, denen er irgendwie helfen konnte. Das war sein Lebensziel.«

Bei der Trauerfeier wurde Musik von Bach, Chopin, Mendelssohn gespielt. Ein Freund las Gedichte, ein anderer, Richard O'Rorke, bis 1975 Leiter des BBC German Service, hielt eine Rede.
Nach dem letzten Ton der Prelude B Major von Frédéric Chopin trat er vor die Trauergäste.
»Ich werde mich meines alten Freundes aus vielerlei Gründen erinnern. Denn er war ein komplexer wie auch ungewöhnlicher Mensch. Erinnern werde ich mich immer an seinen außergewöhnlich trockenen Humor, seine Fähigkeit, die unerhörtesten Dinge mit unbeweglicher Miene zu sagen. Einmal kam er mich besuchen. Er klagte über mangelnde Kunden (es betraf seinen Friedhof). Wir standen in meinem Garten. Er ließ seinen Blick schweifen und sagte: ›Weißt du, dieser Boden könnte 2000 Pfund wert sein – für Gräber.‹
Ich werde den Journalisten erinnern. In Anbetracht seines familiären Hintergrunds hat er, glaube ich, nie einen anderen Beruf erwogen. [...]
Fast zwanzig Jahre lang war er verantwortlich für die Sendung ›Briefe ohne Unterschrift‹. Keine andere BBC-Sendung wurde in der DDR mehr gehört; und keine andere englische Stimme war so bekannt – in Leipzig oder Dresden – wie die von Austin Harrison.

Tim war kein Polemiker. Er war ruhig und vernünftig. Er machte seinen Zuhörern niemals falsche Hoffnungen. Doch sollte, was höchst unwahrscheinlich ist, Ostdeutschland eines Tages frei sein, würde es mich nicht überraschen, wenn nicht nur eine Straße seinen Namen trüge. [...]
Tim hatte auch immer wieder Überraschungen in petto. Als er von Berlin zurück nach London kam, war er fast vierzig Jahre alt und scheinbar ein eingefleischter Junggeselle. Dann, ganz plötzlich, hat er Margaret geheiratet. Nicht wenige dachten, die Ehe hält nie. Tim wird niemals sesshaft werden. Wie haben sie sich geirrt!
Kurz darauf hielt Tim eine zweite Überraschung bereit. Wir sahen in ihm immer den typischen Großstädter und konnten es nicht glauben, als er seine Londoner Wohnung gegen eine sanierte Ruine an der Ostküste eintauschte. [...]
Für viele bringt der Ruhestand Probleme mit sich. Für Tim bedeutete er Glück. Er konnte sich mehr seinem Friedhof widmen, seinem Garten und den Partnerschaftsstädten von Colchester in Deutschland und Frankreich. Nebenbei, für sein geistiges Wohl, übersetzte er.
Seine tragische Krankheit kam aus heiterem Himmel. Unglück ist stets ein Charaktertest. Tim hat ihn mit Bravour bestanden. Mehr als einmal hat er zu mir im vergangenen Jahr gesagt: ›Ich habe keine Angst vor dem Tod. Aber ich werde so lange weitermachen, wie ich kann.‹
Diese berühmten Zeilen von W. E. Henley hätten auch für Tim im vergangenen Jahr geschrieben worden sein können:
Trotz Pein, die mir das Leben war,
man sah kein Zucken, sah kein Toben.

Des Schicksals Schläg' in großer Schar.
Mein Haupt voll Blut, doch stets erhob'n.
[…]
Wir werden ihn vermissen. Ohne ihn ist die Welt ein traurigerer, vor allem aber ein langweiligerer Ort.«

Ein von der BBC veröffentlichter Nachruf auf René Austin Harrison war überschrieben: »The end of an era in the German Service«.

Dreiunddreißig

Wer in Görlitz, Leipzig, Ostberlin, Rostock, Dresden, Greifswald am Freitag, 31. Januar 1975, um 20.15 Uhr in einem Wohnzimmer das Radio einschaltete, aus Gewohnheit, weil Freitags 20.15 Uhr stets »Briefe ohne Unterschrift« gelaufen war, und in der Hoffnung, dass an diesem Freitag um 20.15 Uhr »Briefe ohne Unterschrift« laufen würde, musste sich darüber wundern, die vertraute Stimme von Austin Harrison zu hören:

Seit wir im Juli vergangenen Jahres unsere wöchentliche Sendung „Briefe ohne Unterschrift" eingestellt haben, erhalten wir ständig Briefe, größtenteils aus der DDR, aber auch einige aus dem Westen, in denen unsere Hörer fragen, warum wir diese Sendung nicht mehr bringen.

Da „Briefe ohne Unterschrift" seit 1955 sozusagen meine Sendung war, finde ich, dass ich in der ersten Folge von „Britisch betrachtet" eine Antwort auf die Fragen geben muss. Zunächst jedoch möchte ich aus einigen Hörerbriefen zitieren.

Was für ein Grund liegt vor, dass diese interessante Sendung eingestellt worden ist, schrieb ein Hörer.

Eine Hörerin meinte: Wahrscheinlich ist das so, dass Ostberlin Euren Botschafter

eingeschüchtert und gefordert hat, nun auch die letzte bei der SED so gehasste Sendung „Briefe ohne Unterschrift“ einzustellen. Man könnte weinen. Wo ist das England geblieben, das vorbildlich und tapfer gegen Unfreiheit, gegen Versklavung, gegen Unrecht in neuerer Zeit aufgetreten ist? Gute Nacht. Mir kommt es vor wie damals 1939, als für viele Jahre die Lichter ausgingen.
Die Stellungnahme eines weiteren Hörers hieß: Hat Moskau kräftig Krach gemacht mit sehr gutem Erfolg.
Und noch eine Hörerstimme: Mister Harrison, Sie haben viel zu viel Menschenverstand, als dass Sie sich für diesen Kurswechsel verantwortlich erklären. Es war die einzige Gelegenheit in Ihrer jetzt unter den Tisch gefallenen Sendung, über den Rücken unserer Regierung hinweg mit Gleichgesinnten Gedankenaustausch zu halten. Ich wohne hinter Stacheldraht und darum ohne Unterschrift.
Und schließlich noch dieses Zitat: Weiter mit „Briefe ohne Unterschrift“, alles, was jetzt an der Stelle freitags unterhalten wird, kann uns niemals die Sendung „Briefe ohne Unterschrift“ ersetzen.
Natürlich tat es mir zumindest genauso leid wie den Hörern in der DDR, dass eine

Sendung, die mehr als 25 Jahre lang beliebt war, vielleicht sogar unsere beliebteste Sendung, abgesetzt werden musste. Die SED glaubt wahrscheinlich, dass ihre jahrelangen Angriffe auf die Sendung und auf mich persönlich endlich zum gewünschten Erfolg geführt haben. Sie hat sich dabei ja wirklich große Mühe gegeben. […] In Wirklichkeit ist Folgendes passiert. Ich war im Juli vergangenen Jahres wegen einer leichten Operation sechs Tage im Krankenhaus und danach einige Monate lang in ambulanter Behandlung.

Wer das hört, denkt möglicherweise: Krank! Unmittelbar nach oder vor Absetzung der Sendung.

Oder denkt, was er auch geschrieben hat:

Lieber Mr. Harrison! what ist mit Ihrer Sendung »Briefe ohne Unterschrift«? Ich hörte eine Ihrer letzten Sendungen (wahrscheinlich) wo Sie sagten, Sie würden nun in die Ferien gehen.

Und hört dann weiter: Die Form der Sendung gefiel mir schon seit längerem nicht mehr, nicht etwa, weil viele Briefeschreiber sich kritisch über Großbritannien oder mich äußerten, im Gegenteil, das hat mir Spaß gemacht. Zum Teil lag es daran, dass es unmöglich war, alle Briefe aus der DDR zu zitieren, und ebenso unmöglich, den Erhalt aller Briefe entweder in der Sendung oder schriftlich zu bestätigen.

[…] Hinzu kam schließlich noch, dass manche Hörer offensichtlich nicht verstehen konnten, dass sie uns nicht so detailliert schreiben sollten, dass die SED sie ausfindig machen konnte. Einige Hörer waren da leider nicht vorsichtig genug.

Jemand denkt möglicherweise, das kann er nur wissen, wenn es ihm gesagt wurde, damit er endlich aufhört.

Dann hört er: Nun wir haben uns hier bei uns im Funkhaus darüber unterhalten und kamen zu dem Schluss, es sei wohl das Beste, die guten alten ›Briefe ohne Unterschrift‹ an Altersschwäche sterben zu lassen und eine neue Sendung zu bringen.

Wer das hört, denkt womöglich, was er geschrieben hat:

> *Vielleicht ist die politische Situation zu heikel, um den Zuhörern den wahren Grund für das Ende der Sendung zu verraten.*

Denkt, was hätte verlesen werden sollen:

> *Es muss klargestellt werden, dass die Menschen im Osten unter dem Verlust dieser politisch wichtigen Sendung leiden, Menschen, die sich über diesen Weg Informationen verschaffen konnten, Trost und einen Hoffnungsschimmer, dank Mr. Harrisons Bemühungen. Doch anscheinend hindern die Machenschaften gewisser Organe der ostdeutschen Machthaber die Fortsetzung dieser Sendung.*

Stattdessen hört er, wie sich Austin Harrison bei seinen Hörern bedankt. Bei seinen deutschen Mitarbeitern, die ihm im Laufe der Jahre bei der Zusammenstellung der Sendung mit Rat und Tat zur Seite gestanden hätten, vor allem, wenn es darum gegangen sei, die Handschriften zu entziffern. Vor allem danke er einem Mann namens Günter Burkart.

Hört, wie Austin Harrison sagt, er werde heute nicht mit den Worten schließen »Schreiben Sie uns, wo immer Sie sind, was immer Sie auf dem Herzen haben«.

Wer das hört, denkt womöglich, was er geschrieben hat:

> *Wie konnte ein Mann wie Harrison aufhören, diesen Satz zu uns zu sagen. Ich habe jegliche Lust verloren, Radio zu hören. Heute schaltet man freitags den Apparat ein, um ihn gleich wieder auszuschalten. Meine Verbindung zur BBC reicht zurück in das Jahr 1939. In Gefahr für Leib und Leben drückte ich das Ohr an den Lautsprecher, in Flüsterlautstärke sog ich begierig die Nachrichten aus London auf. Like a bee sucks honey.*

Denkt womöglich, was er noch geschrieben hat:

> *[…] Uns ist bewusst, dass Mr. Harrison von gewissen Eiferern aufs Übelste beschimpft wurde. Im Namen unzähliger Hörer, die diese Sendung zutiefst vermissen, bitten wir Mr. Harrison inständig, diese Pöbeleien zu ignorieren und uns wieder die »Briefe ohne Unterschrift« zu bringen sowie seine hilfreichen Kommentare. Nur auf diesem Wege können wir Menschen hier uns Luft über das Unrecht machen.*

Wer hofft, hofft vergebens.

Denen, die an jenem Freitagabend im Jahr 1975 in Wohnzimmern in Görlitz, Leipzig, Ostberlin, Rostock, Dresden, Greifswald und anderen Orten vor ihren Radios sitzen, kann in diesem Moment kein Trost sein, dass Austin Harrison gesagt hat:

Vielleicht wird die BBC eines Tages Auszüge aus den Briefen in Buchform veröffentlichen. Meines Erachtens wäre das eine gute Idee.

Würdigung

Mein tiefster Dank geht an all jene wundervollen Menschen, die ich während der Arbeit an diesem Buch kennenlernen durfte, die mit mir gesprochen, mir ihre Geschichte anvertraut, mich nicht selten auf eine neue Fährte gebracht und wertvolles Material überlassen haben. Allen voran Karl-Heinz Borchardt, Treharne Jones und Günter Burkart.

Wärmstens danke ich Martha S. Vogeler. Über den Atlantik hinweg hat sie mir geduldig meine vorletzten Fragen zu Austin Harrison beantwortet und ihn noch lebendiger gemacht. Ohne sie würde ich Richard O'Rorkes Trauerrede nicht kennen.

Ich danke Sabine Schröder für ihre unendliche Geduld bei meiner Wühlarbeit.

Last, but not at all least Britta Egetemeier für ihren unbeirrbaren Glauben an »Briefe ohne Unterschrift«. Ihre sensible Einmischung in mein Schreiben hat mich beflügelt und ist unbezahlbar.

Nicht zu verschweigen meine Verehrung für meine Co-Spionin, die nicht enttarnt werden will.

Quellenverzeichnis

BBC Written Archive Caversham

S. 28: *Haben Sie eine Ahnung …* BBC-WAC E3/ 344, 27. 11. 1958
S. 29: *Liebe Schwester Annemarie …* BBC-WAC E3/311, 29. 12. 1955
S. 29 f.: *Kann man von uns Jugendlichen Widerstand …* BBC-WAC E3/ 311, 31. 12. 55
S. 30: *Theoretisch gibt es in der SBZ …* BBC-WAC E3/361, 28. 4. 1960
S. 30 f.: *Im Radio …* BBC-WAC E3/361, 24. 4. 1960
S. 31: *Überall in Elternkreisen …* BBC-WAC E3/365, 7. 8. 1960
S. 31 f.: *Es ist kein Geheimnis …* BBC-WAC E3/372, 30. 3. 1961
S. 32 ff.: *So choose the peopel …* BBC-WAC E3/404, 4. 11. 63
S. 34 f.: *Ich habe nämlich …* BBC-WAC E3/ 480, 16. 4. 1970
S. 35: *Meine lieben Freunde! Ich bin ein Schüler der 8. Klasse …* BBC-WAC E3/480, 24. 4. 1970
S. 35 f.: *Ich bin zwar noch ein Kind …* BBC-WAC E3/384, 23. 3. 1962
S. 36: *Wir kennen uns nicht …* BBC-WAC E3/354, 27. 9. 1959
S. 36: *Normalerweise …* BBC-WAC E3/ 319, 21. 8. 1956
S. 36 f.: *Freiheitsparadies …* BBC-WAC E3/345, 3. 12. 1958
S. 44: *Lieber Onkel …* BBC-WAC E3/377, 14. 8. 1961
S. 44 f.: *Aufgrund der heutigen …* BBC-WAC E3/377 1961, 13. 8. 1961
S. 45: *Die Politik …* BBC-WAC E3/378, 11. 9. 1961
S. 45 f.: *Mit Schrecken und Entsetzen …* BBC-WAC E3/378, 5. 9. 1961
S. 46: *Ich bin noch sehr jung …* BBC-WAC E3/378, 25. 9. 1961
S. 47: *Auf der Leipziger Messe stehen …* BBC-WAC E3/366, 4. 9. 1960
S. 49: *Es ist im September* 1961 … BBC-WAC E3/379, 9. 10. 1961

S. 49 f.: *Ich muss auf diese Weise versuchen* … BBC-WAC E3/378, 11. 9. 1961

S. 50: *Oh, wie bereue ich es* … BBC-WAC E3/377, 30. 8. 1961

S. 50: *Sollen doch jetzt bei uns* … BBC-WAC E3/379, 19. 10. 1961

S. 51: *Es ist nun schon* … BBC-WAC E3/380, 20. 11. 1961

S. 51: *Seit dem 13. August* … BBC-WAC E3/380, 24. 11. 1961

S. 52: *»Kaiserkronen«* … BBC-WAC E3/ 380, 3. 11. 1961

S. 52 f.: *Die Tochter des Lehrers B* … BBC- WAC E3/381, 7. 12. 1961

S. 61–64: BBC-WAC, E3/275/1 und 3, BBC-WAC E3/271

S. 67 f.: *Wie Du sicher weißt* … BBC-WAC E3/314, 19.3 1956

S. 69: *Was ist nun schlimmer* … BBC-WAC E3/322, 18. 1. 1957

S. 69 f.: *Frühmorgens* … BBC-WAC E3/353, 11. 8. 1959

S. 71: *Um Dir einmal zu berichten* … BBC-WAC E3/317, 16. 6. 1956

S. 71 f.: *Ihr wisst viel, aber was Ihr noch nicht wisst* … BBC-WAC E3/345, 8. 12. 1958

S. 72 f.: *Man wusste ganz genau* … BBC-WAC E3/398, 25. 5. 1956

S. 73 f.: *Lieber Londoner Rundfunk* … BBC-WAC E3/322, 14. 1. 1957

S. 75 f.: *Für Sender London* … BBC-WAC E3/354, 7. 9. 1959

S. 78: *Sie, lieber Mr. Harrison, machen aber einen Fehler* … BBC-WAC E3/483, im Juli 1970

S. 79 f.: *Am 7. Oktober 1969 wurde bei uns* … BBC-WAC E3/477, 26. 1. 1970

S. 80: *Ich möchte mich mit drei Fragen* … BBC-WAC E3/452, 2. 1. 1968

S. 81: *Uns Jugendliche* … BBC-WAC E3/452, 23. 12. 1967

S. 82 f.: *Am 12. 9. begann* … BBC-WAC E3/380, 30. 11. 1961

S. 83: *Hinweis an den Stasifritzen* … BBC-WAC E/394, Ende Januar 1963

S. 84: *Diese »Briefe ohne Unterschrift«* … BBC-WAC E3/ohne Datum, 1968

S. 94: *Werte Herren Meinungsmacher* … BBC-WAC E3/452, 16.12. 1967

S. 94 f.: *Gestatten Sie mir* ... BBC-WAC E3/403, 10.10.1963
S. 96: *Wahrscheinlich gehöre ich zu den Hörern* ... BBC-WAC E3/404, 20.10.1963
S. 97 f.: *Da mein Pamphlet* ... BBC-WAC E3/404, 18.11.1963
S. 98: *Bücherfreund kann überzeugt sein* ... BBC-WAC E3/404, 29.11.1963
S. 98: *Ich war Mitglied* ... BBC-WAC E3/405, 5.12.1963
S. 101: *20. Juli 1964* ... BBC-WAC E3/412, 20.7.1964
S. 118: *Noch immer richtet ... BBC-WAC E3/434, 15.5.1966*
S. 118: *Um es vorweg zu nehmen* ... BBC-WAC E3/343, Pfingsten 1966
S. 119 *Vor kurzem war ich in Dresden* ... BBC-WAC E3/282, 1962
S. 123 f.: *Ich habe in den letzten Tagen* ... BBC-WAC E3/ 462, 1.9.1968
S. 124 f.: *Alle meine Sympathien* ... BBC-WAC E3/460
S. 125: *Das ist der Gipfel!* ... BBC-WAC E3/461, 9.9.68
S. 126: *Nur solche Menschen ohne Herz* ... BBC-WAC E3/481, 7.5.1970
S. 145: *Wie schon gesagt wurde* ... BBC-WAC E3/482, 16. Juni 1970
S. 148 f.: *Lieber Willy Brandt! Schwer beladenen Herzens* ... BBC-WAC E3/479, 23.3.1970
S. 149: *Mein Herr! Ich hörte* ... BBC-WAC E3/480, 6.4.1970
S. 150: *So habe auch ich mich ... BBC-WAC E3/481, 8.5.1970*
S. 150 f.: *Nachdem das Kassler* ... BBC-WAC E3/482, 15.6.1970
S. 151 f.: *Lieber Herr Harrison!* ... BBC-WAC E3/481, 11.5.1970
S. 152 f.: *Es hat mir so gut* ... BBC-WAC E3/481, 24.5.1970
S. 203 f.: *In meiner Tätigkeit* ... BBC-WAC E3/378, 12.9.1961
S. 204 f.: *Es stimmt einfach nicht* ... BBC-WAC E3/ 453, 15.1.1968
S. 205: *Werter Herr vom Londoner R. F.* ... BBC-WAC E3/508, 22.8.1972
S. 207 f.: *Ich kann mir mein Leben* ... BBC-WAC E3/501, 9.1.1972
S. 208 f.: *Seit langem* ... BBC-WAC E3/502, 16.2.1972

S. 209 f.: *Lieber Mr. Harrison!* ... BBC-WAC E3/503, 10. 3. 1972
S. 212 f.: *Wenn ich das Wort Westdeutschland* ... BBC-WAC E3/477, 29. 1. 1970
S. 213: *Wir lehnen hier fast alle* ... *BBC-WAC-* E3/208/3
S. 214 f.: *Lieber Londoner Rundfunk* ... BBC-WAC E3/384, 8. 3. 1962
S. 216: *Da lese ich nun* ... BBC-WAC E3/398 30. 5. 1963
S. 234 f.: *Es gibt hier viele Hörer Ihrer Sendungen* ... BBC-WAC E3/208/2. Januar bis Juni 1968
S. 236 f.: *Werter Herr Harrison* ... BBC-WAC E3/515, 30. 3. 1973
S. 240 f.: *Kennwort »boy«!* ... BBC-WAC E3/525, 14. 1. 1974
S. 242: *Einem aufmerksamen Zuhörer* ... BBC-WAC E3/515, März 1973
S. 243: *In Ihrer Sendung vom* ... BBC-WAC E3/525, Januar 1974
S. 244: *SOS helft uns: Die sogenannte DDR* ... BBC-WAC E3/528, 25. 4. 1974
S. 249: *Ich selbst bin Mitglied der SED* ... BBC-WAC E3/522, 25. 1. 1957
S. 249 f.: *Jeder Erfolg ist ein Baustein* ... BBC-WAC E3/352, 2. 7. 1959
S. 250 f.: *Wir werden niemals* ... BBC-WAC E3/364, 14. 7. 1960
S. 251 f.: *Wann kommen endlich die »Vereinigten Staaten von Europa«* ... BBC-WAC E3/366, 13. 9. 1960
S. 252: *Wenn die Thälmannstraße* ... BBC-WAC E3/377, 21. 8. 1961
S. 252 f.: *In der Nähe der* ... BBC-WAC E3/384, 28. 3 1962
S. 253: *Selbstverständlich* ... BBC-WAC E3/510, Oktober 1972
S. 254: *Für jede Minute* ... BBC-WAC E3/482, Juni 1972
S. 267: *Lieber Mr. Harrison!* ... BBC-WAC E3/530, 16. 10. 1974
S. 268 f.: BBC-WAC E 3/530, 1974

Abgefangene Briefe

BStU MfS HA XX 12790
S. 80 f.: *In Deiner gestrigen-heutigen Sendung …*
BStU MfS AOP 402/67
S. 90.: *Ich bin ständiger Hörer …*
S. 90 f.: *Im Namen aller Deutschen …*
S. 91: *Hier ist die Karl-Marx-Universität …*
MfS BV Rostock AU 1356/71 GA, Bd. 2
S. 127 ff.: *Sehr geehrte Mitarbeiter …*
S. 139 f.: *An den Londoner Rundfunk! …*
S. 142: *Sehr geehrter Mister Harrison! …*
BStU MfS HA XX 12231
S. 151: *Glaubt eigentlich ein Einziger im DFF …*
BStU MfS HA XX 12275
S. 176 f.: *Ich habe Ihre Sendung …*
BStU MfS HA XX 12275
S. 177 *Sehr geehrte Herren! …*
BStU MfS HA XX 12790
S. 177 f. *Ich als Jugendlicher von …*
BStU MfS HA 12331
S. 211 f.: *Allein durch die Briefe …*
BStU MfS HA XX 12303
S. 254: *Uns trennen die nackten Dielen noch vom Keller …*
BStU MfS HA XX 12231
S. 254: *Wenn wir uns westliche Sender …*

Der Bundesbeauftragte für die Stasiunterlagen des Sicherheitsdienstes der ehemaligen Deutschen Demokratischen Republik

<u>»Werfer«</u>
MfS 26487/80, Bd. 1 – 8
MfS AOP 16741/91, Bd. 1

<u>Karl-Heinz Borchardt</u>
MfS BV Rostock AU 1356/71, Bd. 1,
MfS BV Rostock AU 1356/71 GA, Bd. 2
MfS BV Rostock AU 1356/71 GA/ASt, Bd. 3
MfS BV Rostock AU 1356/71 GfA, Bd. 5

<u>Theodor Hantke</u>
MfS AOP 402/67

<u>Karlheinz Schädlich</u>
MfS HA XX 11912
MfS AIM 153311/89, Bd. 1

<u>Hans Joachim Bunge</u>
MfS AIM 17358/79, Bd.1 und 2

<u>Rudolf Harnisch</u>
MfS AIM 9194/94, Bd. 4

<u>Hptm. Klaus Heimbach</u>
MfS MF VVS 60 202/72

Hans-Albert Pederzani

MFS AIM 978/86, Bd. II/1

»Rosenkranz«

MfS AIM 1331/61, Bd. 1

Weitere Akten:

MfS BV Rostock AS 253/81

MfS BV Rostock Nr. 271/81

MfS AU 2178/66, Bd. 3

MfS Lpz. AU 351,/67

MfS 5770/91, Bd. 1

MfS – HA XX Nr. 11055

MfS – HA XX Nr. 1295

MfS – HA XX Nr. 11384

MFS – HA XX Nr. 11913

MFS – HA XX Nr. 11410

Weitere Quellen

Brinitzer, Carl, *Hier spricht London*, Hoffmann und Campe, Hamburg 1969

Brinson, Charmian and Dove, Richard Hrsg.), Amsterdam, Rodopi 2003 *Stimme der Wahrheit – German Language Broadcasting by the BBC, The Yearbook of the Research Center for German and Austrian Exile Studies*

Broäter, Rainer, *Als grauer Schatten seiner selbst*, Bürgerkomittee des Landes Thüringen, Bd. 18

Christie, Agatha, *16 Uhr 50 ab Paddington*, S. 10, S. 125, Scherz, Berlin 1994

Goethe, Johann Wolfgang, *Gesamtausgabe Faust*, S. 194, Insel, Leipzi

Hermann, Kai, *Gute Geschäfte und graue Melancholie*, DIE ZEIT, 1967

Kraus, Karl, *Ausgewählte Werke*, Bd. 4, S. 41, Volk & Welt, Berlin 1974

Major, Patrick, *Listening Behind the Iron Curtain: BBC Broadcasting to East Germany and its Cold War Echo*, S. 255–275 in: *Cold War History*, Vol. 13, 2013 – Issue 2: Radio Wars

O'Rorke, Richard, *Sendungen für Deutschland*, Der deutsche Dienst der BBC von 1945 – 1955, Studienkreis Rundfunk und Geschichte, 5/1979

Poe, Edgar Allen, *Der Massenmensch*, Gesammelte Werke, Bd 2, S. 702, Manfred Pawlak Verlagsgesellschaft, Herrsching 1979

Schneider, Peter, *Deutsches aus London: BBC*, RadioJournal 9/93 London Gazette, 4. Mai 1951

Vogeler, Martha S., *Austin Harrison and the English Review*, University of Missouri Press, Columbia 2008

Zweig, Stefan, *Schachnovelle*, Die unsichtbare Sammlung, S. 123, Reclam, Leipzig 1964

Das Glitzerding, DER SPIEGEL, 41/66
Post für Rita, DER SPIEGEL, 10/1964
sowie Filmzitate aus *16 Uhr 50 ab Paddington* und *Der Wachsblumenstrauß*

Glossar

ADN – Nachrichtenagentur der DDR
BBC – British Broadcasting Corporation
Bonbonträger – abwertend für den Träger eines SED-Parteiabzeichens
BRD – Bundesrepublik Deutschland
ČSSR – Tschechoslowakei
DA – Deckadresse
DFF – Deutscher Fernsehfunk
DVP / VP – Deutsche Volkspolizei
Elternaktiv – von der Elternversammlung der Schüler einer Klasse gewählte Elternvertreter
EOS – Erweiterte Oberschule – hier konnten Schüler das Abitur ablegen
EV – Ermittlungsverfahren
FDJ – Freie Deutsche Jugend – DDR Massenorganisation
GMS – so wurde im MfS der DDR eine Kategorie inoffizieller Mitarbeiter bezeichnet, die offen staatsloyal auftretend Informationen sammelten
GST – Gesellschaft für Sport und Technik, vormilitärische Massenorganisation der DDR
GÜ – Grenzübergang
HA (des MfS) – Hauptabteilung »Sicherung« des Staatsapparates, der Kirchen und des Kulturbereichs sowie »Bearbeitung« des so genannten »Untergrunds«
HO – Handelsorganisation war ein in der juristischen Form des Volkseigentums geführtes staatliches Einzelhandelsunternehmen in der DDR
HOG – Hotel-Gaststätte
IM – Inoffizieller Mitarbeiter des MfS (Spitzel)
Inko – Abkürzung für Industrie-Konservengläser

KD – Kreisdienststelle
KPD – Kommunistische Partei Deutschlands
KZ – Konzentrationslager
LPG – Landwirtschaftliche Produktionsgenossenschaft
MdI – Ministerium des Innern
MfS – Ministerium für Staatssicherheit
MG – Maschinengewehr
MP – Maschinenpistole
N. D. – »Neues Deutschland« von 1946 bis 1989 war die Zeitung in der DDR das Zentralorgan der Sozialistischen Einheitspartei Deutschlands (SED)
NDPD – National-Demokratische Partei Deutschlands
NVA – Nationale Volksarmee Streitkraft der Deutschen Demokratischen Republik
OKH – Oberkommando des Heeres
Op. Vg./Op. V. – Operativer Vorgang
PK-Aufträge – PK = Personenkontrolle
RIAS – Rundfunk im Amerikanischen Sektor
SBZ – Sowjetisch besetzte Zone, offiziell so genannt bis 1949, der Gründung der DDR
U-Gef. – Untersuchungsgefangener
U-Plan – Plan für die Untersuchungshaft
SED – Sozialistische Einheitspartei
SFB – Sender Freies Berlin
SSD – Staatssicherheitsdienst
StEG – Strafrechtsergänzungsgesetz
StGB – Strafgesetzbuch
U-Gef. – Untersuchungsgefangener
UdSSR – Union der Sozialistischen Sowjetrepubliken
VA-op. – Vorlaufakte-operativ
Vopo – Volkspolizist → DVP / VP
VP – Volkspolizei
ZK – Zentralkomitee

Liste der handelnden Personen

Borchardt, Karl-Heinz, Dr. phil. (geb. 1952) – wissenschaftlicher Mitarbeiter am Institut für Deutsche Philologie der Ernst-Moritz-Arndt-Universität Greifswald

Brandt, Willy (1913–1992) – von 1969 bis 1974 Regierungschef einer sozialliberalen Koalition von SPD und FDP und vierter deutscher Bundeskanzler der Bundesrepublik Deutschland

Burkart, Günter (geb. 1934) – ab 1961 in London, zuerst als Redakteur von »Hier spricht London« (Programmzeitschrift des deutschsprachigen Dienstes der BBC), 1963 Redakteur im BBC German Language Service, vorwiegend im »Programm für Ostdeutschland«; ab 1966 redaktionelle Mitarbeit an der Sendung »Briefe ohne Unterschrift«. 1973 bis 1999 Mitglied der Politischen Redaktion von »Deutsches Ärzteblatt« in Köln, ab 1988 Chef vom Dienst.

Connie – Adenauer, Konrad (1876–1967) – von 1949 bis 1963 erster Bundeskanzler der Bundesrepublik Deutschland

Dubček, Alexander (1921–1992) – tschechoslowakischer und slowakischer Politiker. Als Generalsekretär der tschechoslowakischen Kommunisten war er von 1968 bis 1969 der mächtigste Politiker der Tschechoslowakei und Leitfigur des Prager Frühlings.

Fraser, Lindley (1904–1963) – während des Zweiten Weltkrieges Rundfunkkommentator, später Leiter des deutschsprachigen Dienstes der britischen Rundfunkgesellschaft BBC

Fried, Erich (1921–1988) – österreichischer Lyriker, Übersetzer, Essayist, von 1952 bis 1968 politischer Kommentator beim German Service der BBC

Greene, Graham (1904–1991) – britischer Schriftsteller und älterer Bruder von Hugh Carleton Greene

Greene, Hugh Carleton (1910–1987) – britischer Journalist, nach dem Zweiten Weltkrieg Organisator des Nordwestdeutschen Rundfunks, bis 1946 erster Leiter des German Service, bis 1969 Generaldirektor der BBC

Grotewohl, Otto (1894–1964) – von 1949 bis 1964 Ministerpräsident der DDR

Harrison, René Austin (1916 bis 1981) – von 1949 bis 1955 Chef des Westberliner Büros der BBC, nach seiner Rückkehr nach London ab 1955 bis 1974 Leiter der Sendung »Briefe ohne Unterschrift« im Programm des German Service der BBC, bis 1975 stellvertretender Leiter des German Service der BBC.

Henley, William Ernest (1849–1903) – englischer Schriftsteller

Johnson, Peter Brierley (1925) – britischer Journalist, von 1965 bis 1970 Leiter des Westberliner Büros der BBC

Jones, Bill Treharne (geb. 1943) – von 1970 bis 1974 Leiter des Westberliner Büros der BBC, danach Regisseur und Produzent zahlreicher politischer/historischer Film-Dokumentationen

Leuschner, Bruno Max (1910–1965) – Mitglied des Politbüros des Zentralkomitees der SED und Vorsitzender der Staatlichen Plankommission der DDR

Nagy, Imre (1896–1958) – ungarischer Politiker und Regierungschef, wurde 1958 wegen des ungarischen Volksaufstandes 1958 hingerichtet

Norden, Alfred (1904–1982) – Journalist und Politiker, von 1958 bis 1981 Mitglied des Politbüros des ZK der SED und Abgeordneter der Volkskammer der DDR, 1960 bis 1979 gehörte er dem nationalen Verteidigungsrat an

O'Rorke, Richard – von 1965 bis 1975 Leiter des German Service der BBC

»Spitzbart« – Bezeichnung für Walter Ulbricht; das Schimpfwort erfüllte für die DDR-Justiz den Tatbestand der »Staatsverleumdung«, die mit einer Gefängnisstrafe geahndet wurde.

Stoph, Willi (1914–1999) – von 1964 bis 1973 Vorsitzender des Ministerrates der DDR, dann bis 1976 Staatsoberhaupt der DDR und anschließend bis Herbst 1989 erneut Vorsitzender des Ministerrates

Svoboda, Ludvík (1885–1979) – tschechoslowakischer General und von 1968 bis 1975 Präsident der ČSSR.

Ulbricht, Walter (1893–1973) – von 1950 bis 1971 stand er an der Spitze des Zentralkomitees der SED mit höchster politischer Entscheidungsgewalt

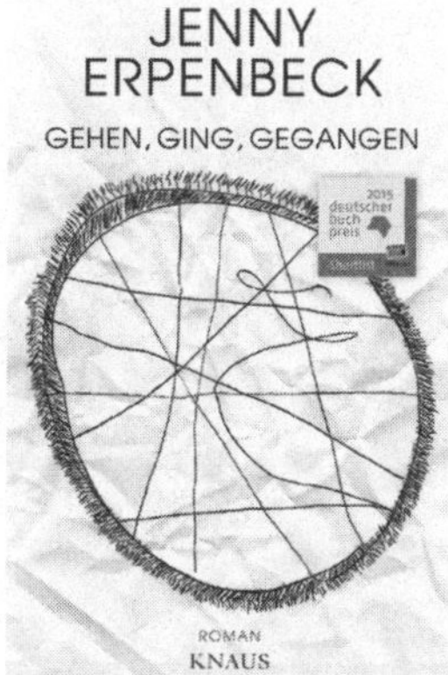

Jenny Erpenbeck
Gehen, ging, gegangen
Roman
352 Seiten, geb. mit Schutzumschlag
ISBN 978-3-8135-0370-8
Ab 09.05.2017 auch als Taschenbuch lieferbar

Wie erträgt man das Vergehen der Zeit, wenn man zur Untätigkeit gezwungen ist? Richard, emeritierter Professor, kommt durch die zufällige Begegnung mit den Asylsuchenden auf dem Oranienplatz auf die Idee, die Antworten auf seine Fragen dort zu suchen, wo sonst niemand sie sucht: bei jenen jungen Flüchtlingen aus Afrika, die in Berlin gestrandet und seit Jahren zum Warten verurteilt sind.

Jenny Erpenbeck erzählt, auf ihre unnachahmliche Weise eine Geschichte vom Wegsehen und Hinsehen, von Tod und Krieg, vom ewigen Warten und von all dem, was unter der Oberfläche verborgen liegt.

»(...) dieser Roman ist realistisch: Nicht weil er Verhältnisse real darstellt, sondern weil er eine literarische Wirklichkeit aufbaut, die die Weltrealität reflektiert.«
NZZ am Sonntag

Regina Scheer
Machandel
Roman
480 Seiten, Broschur
ISBN 978-3-328-10024-9

Regina Scheer spannt in ihrem beeindruckenden Debütroman den Bogen von den 30er Jahren über den Zweiten Weltkrieg bis zum Fall der Mauer und in die Gegenwart. Sie erzählt von den Anfängen der DDR, als die von Faschismus und Stalinismus geschwächten linken Kräfte hier das bessere Deutschland schaffen wollten, von Erstarrung und Enttäuschung, von dem hoffnungsvollen Aufbruch Ende der 80er Jahre und von zerplatzten Lebensträumen.

»Die große Rekonstruktion: Regina Scheers Roman Machandel erzählt vom Krieg bis zur Wende und darüber hinaus. Sie fasst die deutsche Zeitgeschichte in ein faszinierendes Kaleidoskop.«
Frankfurter Allgemeine Zeitung

Leipzig, im Februar 1968

25. 3. 68 31/161

Sehr geehrter Londoner Rundfunk!

Ich möchte Ihnen heute auch eimal schreiben. Ich bin Schüler einer Leipziger Schule. Komme baldin die 10. Klasse. Diesen Artikel habe ich

> Die Arbeiterklasse ist die letzte ausgebeutete Klasse in der Geschichte. Sie kann sich nicht befreien, ohne das Privateigentum an den Produktionsmitteln zu beseitigen und damit der Ausbeutung des Menschen durch den Menschen die Grundlage zu entziehen.

aus einem Lehrbuch entnommen. Ich möchte, daß Sie dazu öffentlich ~~dazu~~ Stellung nehmen.
Gehöre der FDJ-GRUPPE AN, BIN in diese Organisation „freiwillig" gezwungen eingetreten. Wir haben an den letzten FDJ-Nachmittag darüber gesprochen. (Über diesen Artikel)
Der Leiter erzählte uns, daß im „Westen" (sprich Bundesrepublik Deutschland) der Arbeiter noch ausgebeutet wird. Stimmt das??
Sie sagen anders. Wem soll ich glauben??
Soll der Artikel das sagen, was ich vermute?
Wenn die Arbeiter + Bauern (DDR) an die Macht [gekommen] sind, gibt es bald keine Ausbeutung mehr!
Wenn diese Kreise an die Macht kommen, dann gibt es kein Privateigentum mehr??
So viele Fragen und keine Antwort!
Oder doch! Sie können mir doch bestimmt bald die Fragen beantworten!??? Bitte machen Sie es!
Ich vertraue Ihnen.

Ihr begeisterter Fußballfan!

---

2. II. 68 31/164

Lieber Londoner Rundfunk!

Seit 1939 bin ich Hörer Ihrer Sendungen. Ich möchte Ihnen Dank sagen, für Ihre Mühe, uns mit wirkl. objektiven Informationen zu versorgen.
Ihre Sendungen sind nicht nur für mich sondern für viele Ostzonenbewohner von größter Wichtigkeit, Sie finden die Worte welche uns fehlen, um diesen „Suppentopfstrategen" Politikern die wirkl. Meinung zu sagen, wie wir auch denken. Das Geschehen in der C.S.R. interessiert uns immer, eben darum weil uns alle Informationen darüber fehlen. Alle Zeitungen u. jegliche Lite[ratur] …

№ 19

Lieber Mr. Harrison!

Mit überschäumender Begeisterung habe ich die Verlesung meines ersten Briefes im Londoner Rundfunk gehört. Mein Freund muß doch gedacht haben, ich schnappe über, als ich sofort mit größter Eile zu ihm lief und ihm dies mitteilte. Diese Verlesung hat mich sehr stolz gemacht. Einmal mehr habe ich nur zu genau gespürt, auf welcher Seite meine wahren Freunde stehen. Es gibt einem immer wieder neuen Mut, wenn man jeden Freitagabend die Sendung „Briefe ohne Unterschrift“ hört. Und noch mehr befriedigt es einen natürlich, wenn man hört, wie der eigene Brief verlesen wird.

Kennw. Sonnenblume

-4. 3. 68
52/A

Ich bin 18 Jahre alt und Schüler einer Abiturklasse. Fast jeden Sonnabend höre ich Ihre Sendung in deutscher Sprache. Für mich ist das sehr interessant. Größtenteils werden bei Ihnen negative Meinungen über die DDR geäußert (Gegenteil: „Meinungsmacher“, dem ich voll zustimmen muß). Ich möchte Ihnen einmal meine Meinung darlegen.
Nach Ablegung des Abiturs werde ich studieren. Für das Studium brauche ich keinen einzigen Pfennig zu bezahlen und ich bekomme ein Stipendium. Dafür bin ich meinem Staat dankbar. Bei Ihnen besteht ebenfalls Schulgeldfreiheit. Aber kann wirklich jeder begabte junge Mensch bei Ihnen studieren? Denken wir dabei nur an die Kinder von Arbeitslosen. Diese werden wohl in erster Linie für die Ernährung der Familie zu sorgen haben. Bei uns ist jeder junge Mensch verpflichtet, einen Beruf zu erlernen. Nach Beendigung der Schulzeit, ist bei Ihnen aber ein großer Teil von Jugendlichen arbeitslos. Das führt zum Steigen der Kriminalität und oft zur Verwilderung dieser Jugendlichen. Oder betrachten wir die Wohnverhältnisse. Wieviele Menschen leben bei Ihnen unter menschenunwürdigen Bedingungen in Elendsvierteln. Bei uns gibt es so etwas einfach nicht. Von der Arbeitslosigkeit möchte ich gar nicht erst anfangen.
Nun zu einem anderen Problem. Auf der Erde stirbt jede Sekunde ein Mensch an Hunger. Das kommt aber in keinem soz. Staat vor, obwohl beispielsweise in China das früher (vor 1949) oft der Fall war. Auf der anderen Seite wird in den USA Weizen verbrannt, Weizen zu Baumaterial verarbeitet, Milch ins Meer gegossen und den Farmern werden Prämien für unbebaute Felder gezahlt.